Gesetz

über die

Handelskammern.

Vom 24. Februar 1870.

Mit Einleitung, Commentar und Sachregister

erläutert von

Dr. Richard Stegemann,

Sekretär der Handelskammer für den Regierungsbezirk Oppeln.

Berlin.

J. Guttentag, Verlagsbuchhandlung.

1892.

Einleitung.

Die Organisation und das Wesen der heutigen preußischen Handelskammern ist ein Produkt ihrer geschichtlichen Entwickelung und nur aus dieser heraus zu verstehen.

Die ersten Handelskammern in Preußen wurden unter der Herrschaft Frankreichs und daher durch Dekrete der französischen Regierung nach Analogie der von Napoleon I. reorganisirten französischen Handelskammern im Rheinlande und in der Stadt Emden ins Leben gerufen. Französische Handelskammern haben bereits unter dem ancien régime bestanden und ihre eigene Entwickelung gehabt.

Was in Frankreich sich auf den Handel bezieht, geht geschichtlich zumeist auf den mittelländischen Seehandel zurück. Auch das Institut der Handelskammern hat seinen Ursprungsort in Marseille gefunden. Die bedeutenderen Kaufleute von Marseille pflegten sich von Alters her auf dem dortigen Rathhause zu versammeln, um über die gemeinsamen Angelegenheiten des Handelsstandes zu berathen. Daraus wurde durch Beschluß vom 3. November 1650 eine ständige Handelskammer geschaffen, die sich aus 12 Mitgliedern, nämlich 8 der vornehmsten Kaufleute von Marseille und 4 Handelsdeputirten, zusammensetzten. Diese Handelskammer war somit ursprünglich eine kommunale, auf Autonomie beruhende Institution von Marseille. Die französische Staatsregierung stützte dieselbe aber mit ihrer Autorität und beschloß in der Folge, auch an anderen Handelsplätzen ähnliche Institute ins

Leben zu rufen. Durch Erlaß vom Februar 1700 verfügte sie die Errichtung einer Handelskammer in Dünkirchen. Im Jahre 1701 beschloß der französische Staatsrath, daß auch in Lyon, Rouen, Bordeaux, Toulouse u. s. w. Handelskammern zu errichten seien, die freilich nicht so ausgedehnte Befugnisse erhielten, wie sie die beiden älteren, in Marseille und Dünkirchen hatten. Diese letzteren besaßen für die Wahrung der Handelsinteressen ihres Platzes wirkliche administrative, die Handelskammer zu Marseille daneben, soweit der Handel mit der Levante in Betracht kam, sogar gewisse richterliche Befugnisse. Die so geschaffenen Handelskammern waren ausnahmslos bestimmt, der Staatsregierung nicht blos auf deren Ersuchen, sondern auch aus freier Initiative Gutachten zu erstatten, daneben waren sie auch berechtigt, Bitten und Beschwerden an die Staatsregierung zu richten.

Die innere Einrichtung und der Geschäftsgang beruhte, wenigstens zum Theil, auf der Autonomie des Handelsstandes. Für die Wahlen, Wählbarkeit und die Dauer der Funktionen befolgten die einzelnen Handelskammern ihre besonderen Normen. Nach einer späteren Verordnung (vom 12. September 1779) mußten jedoch, wenn ein Mitglied ausschied, der Staatsregierung drei Namen vorgeschlagen werden, aus denen diese dann ihre Wahl traf.

Die Revolution fand 13 Handelskammern in Frankreich vor. Diese wurden durch die Gesetzgebung von 1791 aufgehoben. Wieder eingerichtet ist das Institut der Handelskammern schließlich unter Napoleon I. durch Dekret vom 3. Nivose XI. (24. Dezember 1802). — Durch Dekrete wurden an den größeren Handelsplätzen Handelskammern errichtet, die sich aus 9—15 von den Notabeln der Kaufmannschaft gewählten Mitgliedern unter dem Vorsitze des Präfekten bezw. Bürgermeisters zusammensetzten. Ihre Ausgaben wurden theils durch Zuweisung besonderer Einkünfte, theils durch Umlagen gedeckt und unterlagen der Genehmigung des Ministers des Innern. Ihre Funktionen beschränkten sich im wesentlichen auf die Erstattung von Gutachten und Vorschlägen, daneben waren ihnen einige, den Handel und den Verkehr kontrolirende Befugnisse zugewiesen.

Nach dem Vorbilde dieser reorganisirten französischen Handelskammern sind die ältesten rheinischen Handelskammern und die der Stadt Emden geschaffen worden. So sind die Handelskammern zu Köln, Krefeld, Aachen, Eupen, Malmedy und Stolberg auf Konsularbeschlüsse bezw. Dekrete Frankreichs zurückzuführen. Nach dem Wiederanfall der französisch gewesenen Landestheile an Preußen wurden den daselbst bestehenden Handelskammern solche zu Koblenz, Wesel und Gladbach, später auch solche zu Barmen-Elberfeld, Düsseldorf, Duisburg, Essen, Lennep, Solingen und Mühlheim a. d. Ruhr durch Allerhöchste Cabinetsordres angeschlossen. Bald nach dem Uebergange Ostfrieslands an Hannover zerfiel die Handelskammer zu Emden als ostfriesisches Institut, da Hannover dem Drängen der anderen Städte auf eine gesonderte Vertretung nachgab. Die Statuten dieser älteren Handelskammern preußischen Ursprungs zeigen bereits einige Abweichungen, ohne jedoch im wesentlichen den Boden der Organisationsdekrete zu verlassen. Ihr Charakter ist ein gleichfalls autoritativer, behördlicher. Eine eigentliche Organisation der Handelskammern über die ganze preußische Monarchie wurde erst durch die königliche Verordnung über die Errichtung von Handelskammern (vom 11. Februar 1848) vorgenommen, indem für „jeden Bezirk oder Ort, wo wegen eines bedeutenden Handels- oder gewerblichen Verkehrs ein Bedürfniß zu einer Handelskammer obwalte, eine solche nach Einholung der besonderen königlichen Genehmigung errichtet werden sollte". Bestehe in dem Bezirke, für welchen eine Handelskammer errichtet werden solle, eine kaufmännische Korporation oder Innung, so sollten nach Anhörung der Korporation oder Innung „diejenigen besonderen Bestimmungen getroffen werden, durch welche die bestehenden korporativen Verhältnisse die geeignete Berücksichtigung finden würden."

Die in der Verordnung vom 11. Februar 1848 enthaltenen organisatorischen und statutarischen Bestimmungen, welche die generelle gesetzliche Grundlage für die Errichtung von 33 neuen Handelskammern in den älteren Landestheilen bildeten, erwiesen sich im Verlaufe der Zeit, namentlich auch in Anbetracht der gewaltigen Umformungen auf dem gesammten Verkehrsgebiete und dem Wirthschaftsleben überhaupt als reformbedürftig. Die verhältnißmäßig erhebliche Zahl der einer solchen Abänderung bedürftigen Bestimmungen und die Rücksicht auf die von diesem Gegenstande der Gesetzgebung zunächst berührten Kreise ließen den Erlaß einer bloßen Novelle nicht angemessen, vielmehr eine anderweitige Regelung mittels eines umfassenden neuen Gesetzes rathsam erscheinen, zumal es sich darum handelte, in den neuerworbenen Landestheilen der Monarchie (Hannover, Hessen, Nassau, Frankfurt, Schleswig-Holstein) entsprechende Einrichtungen zu treffen bezw. für das gesammte Staatsgebiet einen einheitlichen Rechtszustand zu schaffen. Demgemäß wurde dem preußischen Landtage zu Beginn des Jahres 1868 der Entwurf eines Gesetzes über die Handelskammern vorgelegt, das in seinen Grundlagen zwar auf der Verordnung vom 11. Februar 1848 aufgebaut war, aber gleichwohl in einer Reihe wichtiger Bestimmungen (Wahlberechtigung, Wählbarkeit, Wahlverfahren, Ausscheiden, Entfernung und Suspension der Mitglieder, Etatsregulirung, innere Organisation) bereits wesentliche Abweichungen vorwies.

Die Kommission für Handel und Gewerbe, an welche die Regierungsvorlage verwiesen wurde, nahm dieselbe mit großer Zurückhaltung auf, da sie im Prinzip die Vertretung der Handels- und Verkehrsinteressen nicht staatlichen Hülfsanstalten, sondern freien Interessenvereinigungen zugewiesen wissen wollte. „Wenn es darauf ankäme," erklärte sie, „die Institution der Handelskammern zuerst bei uns einzuführen, so würde die Frage, ob es überhaupt als ein Bedürfniß anzuerkennen sei, eine Anordnung der Staatsgewalt und deshalb einen besonderen Akt der Gesetzgebung dafür in Anspruch zu nehmen, einer sehr zweifelsvollen Erwägung unterliegen. Durch die Zeitdauer ihres Bestehens und durch die Größe ihrer Zahl hätten sich aber die Handelskammern solchergestalt in unserem Staatsorganismus eingebürgert; der Handelsstand habe sich so sehr daran gewöhnt, durch sie seine Wünsche, Ansprüche und Rechte bei der Regierung geltend zu machen; sie hätten auch — den Durchschnitt der Erscheinungen ins Auge gefaßt — in der Erfüllung ihrer Aufgaben so vielen Nutzen gestiftet, seien insbesondere den Behörden durch Mittheilungen, Anträge und Gutachten vielfach eine Quelle so schätzbarer Erfahrungen gewesen, daß es nicht die Absicht sein dürfe, aus prinzipiellen Bedenken gegen die ursprüngliche Nothwendigkeit einer derartigen Gesetzgebung gegenwärtig deren Fortbestand und Fortentwickelung beseitigen zu wollen." (Bericht der Kommission für Handel und Gewerbe über den Entwurf des Gesetzes über die Handelskammern. Haus der Abgeordneten, 10. Legislaturperiode II. Session 1868. Nr. 169 der Drucksachen.)

Dieser Auffassung entsprechend war die Kommission bestrebt, wo es irgend angängig war, diesem freieren Prinzip in der Regierungsvorlage zum Durchbruch zu verhelfen, ohne diese selbst fallen zu lassen. (Man muß sich hierbei erinnern, daß zur Zeit, als das Gesetz zur Berathung stand, die öffentliche Meinung in Preußen sich überhaupt unter dem Einflusse einer Wirthschaftspartei befand, die jedem Eingreifen des Staates in das Wirthschaftsleben feind war.) Sie befürwortete im allgemeinen die Annahme des Regierungsentwurfes, beantragte jedoch eine Reihe von Abänderungen, welche hauptsächlich bezweckten, „dieser Vertretung der Handelsinteressen, soweit mit ihrer öffentlichen Bestimmung vereinbar, in höherem Grade den autonomischen Charakter zu wahren und sie von jeder entbehrlichen Einwirkung der Regierungsbehörde zu befreien." (Haus der Abgeordneten, 10. Legislaturperiode III. Session Nr. 16 der Drucksachen.) Die Staatsregierung hat an ihrem ersten Entwurfe nicht festgehalten, hat sich vielmehr den Abänderungsvorschlägen der Kommission überall angeschlossen und in einem revidirten Entwurfe ihre veränderte Auffassung zum Ausdruck gebracht. Sie hat selber mitgewirkt, einem Institut das Leben zu geben, das mit zu großen Freiheiten ausgerüstet ist, um im Behördenorganismus Platz zu finden, und andererseits doch zu sehr bureaukratisch gebunden, um sich frei bewegen zu können. Diese Zwitternatur der Handelskammern ist von Beginn ihres reorganisirten Bestandes bis auf unsere Zeit die Ursache zu manchen Mißverständnissen, Unbequemlichkeiten, Schwierigkeiten und Auseinandersetzungen gewesen, wenn es sich auch nicht leugnen läßt, daß die Regierungen mit Vorsicht vermieden haben, das auf so unsicheren verwaltungsrechtlichen Grundlagen aufgebaute Institut irgendwie zu erschüttern. Sie haben Manches übersehen, was sie unter anderen Umständen nicht übersehen durften, und wenn aus Anlaß des in seinem ganzen Aufbau wie in seinen Einzelbestimmungen vielfach lückenhaften, unzureichenden und unpraktischen Gesetzes nicht mehr Konflikte zwischen Handelskammer und Regierung ausgebrochen sind, als dies bisher der Fall gewesen ist, so ist dies ebensowohl der Zurückhaltung zu danken, welche die Regierung im allgemeinen den Ressortangelegenheiten der Handelskammer gegenüber bewahrte, wie den Handelskammern selbst, die, aus Männern der Praxis zusammengesetzt, die Fragen des formalistischen Rechtes mit seltenen Ausnahmen stets hinter sachliche Erwägungen haben zurücktreten lassen.

In letzter Zeit, wo die Handelskammern, entsprechend ihren größeren Aufgaben, auch zu einer reicheren Entfaltung ihrer Wirksamkeit gedrängt worden sind, hat sich gleichwohl der Mangel an festen Grundlagen ihres inneren und äußeren Lebens in gleichem Verhältnisse bemerkbarer gemacht, als die Wechselbeziehungen zwischen ihnen selbst und zu den Landesbehörden reger und lebhafter geworden sind. Es hat sich bei verschiedenen Anlässen gezeigt, daß das Gesetz vom 24. Februar 1870 in den einzelnen Bezirken eine so ungleichmäßige Auslegung erfahren hat, daß unter diesem Mangel die Gleichmäßigkeit der Interessenvertretung in Preußen selbst Schaden leiden mußte. Um eine festere Unterlage zu gewinnen, hat der Unterzeichnete versucht, auf Grund der authentischen Materialien und der dieselben ergänzenden Praxis eine Erläuterung zu dem für die preußischen Handelskammern geltenden Gesetze zu geben. Dieselbe liegt im Nachstehenden abgeschlossen vor. Wenn sie auch nicht einen für alle Verhältnisse maßgebenden Werth beanspruchen kann, da das Gesetz in vielen Punkten der Auslegung einen zu weiten Spielraum gestattet, so wird sie doch möglicherweise den Handelskammern für ihre Geschäftsführung erwünscht sein.

Dem Unterzeichneten liegt die angenehme Pflicht ob, seinen Herren Kollegen: Ackermann-Barmen, Baus-Trier, Bernhardi-Dortmund, Dr. van der Borght-Köln, Decken-Wesel, Dr. Emminghaus-Posen, Flindt-Wiesbaden, Kaminsky-

Solingen, Käsbach=M.=Gladbach, Kästner=Liegnitz, Dr. Merbot=Wiesbaden, van Rensen=Leer, Röhrich=Görlitz, Schemann=Hagen, Dr. Soetbeer=Münster, Dr. Stein=Duisburg, Stumpf=Osnabrück, Dr. Wermert=Halle, Wiese=Coblenz, welche ihn bei der Ausarbeitung mit ihrem sachverständigen und erfahrenen Rathe unterstützt haben, seinen ebenso verbindlichen wie herzlichen Dank auszusprechen.

Oppeln, im October 1891.

Stegemann.

Gesetz über die Handelskammern.

Vom 24. Februar 1870.

(Ges.-S. 1870, S. 134.)

Wir Wilhelm ꝛc. ꝛc. verordnen, mit Zustimmung beider Häuser des Landtages für den Umfang der Monarchie, was folgt:

Bestimmung und Errichtung der Handelskammern.

§ 1.

Die Handelskammern[1]) haben die Bestimmung,[2]) die Gesammtinteressen[3]) der Handel- und Gewerbetreibenden[4]) ihres Bezirkes[5]) wahrzunehmen,[6]) insbesondere[7]) die Behörden[8]) in der Förderung des Handels und der Gewerbe[9]) durch thatsächliche Mittheilungen, Anträge und Erstattung von Gutachten[10]) zu unterstützen.[11])

1. Die Bezeichnung „Handelskammern“ ist nicht in ihrer engeren Bedeutung zu nehmen. Die Handelskammern vertreten vielmehr, da neben Kaufleuten auch Fabrikanten zur Wahl berechtigt sind, nicht nur den Handel, sondern auch das Groß-Gewerbe, sofern man unter diesem letzteren Begriff im engeren Sinne die Erzeugung von Gütern im Gegensatz zum Vertriebe derselben verstehen will.

Die Bezeichnung Handelskammer darf daher nicht, wie es wiederholt geschehen ist, so verstanden werden, als ob dieselbe nur die Vertretung des Handels und nicht auch die der Industrie darstellte. Diese irrthümliche Auffassung hat beispielsweise dazu verleitet, regierungsseitig bei vorkommender Gelegenheit der Handelskammer nur die Vertreter des Handels, diejenige der Industrie aber den in dem Handelskammerbezirke bestehenden industriellen Vereinen zu entnehmen.

Der Kommissions-Bericht IIa*) erkannte selbst an, daß die Nebeneinanderstellung von Handel und Gewerbe nicht eigentlich korrekt sei, weil die Gewerbe im weiteren Sinne auch den Handel umfaßten, er ließ aber den Ausdruck bestehen, weil er in herkömmlicher Weise die stoffbildende und die vertheilende Güterproduktion gegenüberstelle. (Vgl. Anm. 4.)

2. Als Schwerpunkt der Wirksamkeit der Handelskammern wird nach den Motiven zum Gesetzentwurf betreffend die Handelskammern „die Vermittlung der Beziehungen zwischen dem Handelsstande und der Staatsregierung" angesehen. Die Aufgaben der Handelskammern sind in dieser Beziehung dreifacher Art: 1) die der thatsächlichen Schilderung der vorhandenen Zustände und 2) die der Erstattung von Gutachten. Wenn daneben noch 3) die Befugniß angeführt wird, den Behörden Vorschläge und Anträge zu unterbreiten, so ist damit in keiner Weise für die Handelskammern ein Recht abzuleiten, daß diese Anträge von den Behörden berücksichtigt werden müssen, ebensowenig als zu Punkt 1 und 2 die Letzteren in irgend einem bestimmten Falle verpflichtet sind, den Bericht und das Gutachten der Handelskammern einzuholen. Die Behörden können sich ebensowohl an einzelne Privatleute und an Vereine wenden und thun dies thatsächlich in ausgedehntem Maße. Es ist selbst bei Gesetzentwürfen, Verordnungen und Einrichtungen, welche in den Gang von Handel und Industrie tief einschneiden, vollständig in das Ermessen der Behörden gestellt, ob sie das Gutachten der Handelskammern einholen wollen oder nicht.

Es erschien der Regierung nicht rathsam, wie dies beispielsweise in der Gesetzgebung von Oesterreich-Ungarn, Frankreich und auch in einzelnen deutschen Ländern vorgesehen ist, eine derartige bindende Verpflichtung gesetzlich auszusprechen. Sie war dabei der Ansicht, daß es in der Natur der Sache liege, daß derartige Gutachten nur von denjenigen Handelskammern, bei denen ein spezielles Interesse zur Sache und ein auf Erfahrung gegründetes

---

* Anm. Die Kommissionsberichte des Abgeordnetenhauses vom 14. Februar und 25. Oktober 1869 sind mit C. B. IIa und IIb, der Kommissionsbericht des Herrenhauses vom 3. Februar 1870 mit C. BI bezeichnet.

sachverständiges Urtheil vorausgesetzt werden dürfe, zu erfordern sei. Ob und wie weit diese Voraussetzungen als gegeben anzusehen seien, müsse in jedem einzelnen Falle dem pflichtmäßigen Ermessen der Regierung vorbehalten bleiben.

3. Das Gesetz spricht nicht von „Interessen", sondern von „Gesammtinteressen", ein Ausdruck, der im Gegensatz zu „Einzelinteressen" zu nehmen ist. Die Handelskammern haben somit nicht die Bestimmung, die Interessen einzelner Firmen zu vertreten, sofern diese Interessen nicht in ihrer Art von allgemeiner Bedeutung sind. Die Grenze zu ziehen fällt in der Praxis nicht leicht, da schließlich das Interesse der Gesammtheit, bezw. eines Interessenkreises, sich aus den Interessen der Einzelnen zusammensetzt. Immerhin schließt die Bestimmung des § 1 Fälle aus dem Bereiche der Handelskammer-Thätigkeit aus, in denen Firmen die Mitwirkung der Handelskammern für rein persönliche geschäftliche Fragen in Anspruch nehmen (z. B. Angabe von Lieferanten oder Abnehmern). Ebensowenig ist es Aufgabe der Handelskammern für Zwecke einer Privatperson Rechtsgutachten zu erstatten oder sachverständigen Bescheid zu ertheilen. (Vgl. Anm. 10.)

4. Die Preußischen Handelskammern leiten ihren geistigen Ursprung von den aus der Mitte des XVII. Jahrhunderts stammenden französischen Chambres de commerce her, welche thatsächlich ihrer Bestimmung nach nur Handelsinteressen zu vertreten hatten. Auch das Gesetz vom 24. Februar 1870 behält sowohl den Namen wie die Unterscheidung von Handel und Gewerbe bei. Wenn auch thatsächlich, seitdem die Industrie sich nicht nur gleichberechtigt sondern an vielen Punkten bereits überwiegend neben den Handel gestellt hat, die Handelskammern bereits zur Zeit des Gesetzentwurfes ebensowohl das Gewerbe, d. h. die Industrie wie den Handel umfaßten, so hat offenbar der Name die Verfasser des Entwurfes dazu geführt, die Vertretung des Handels als die erste und hauptsächliche Aufgabe der Handelskammern hinzustellen und nur daneben auch „denjenigen Theil des gewerblichen Verkehrs zu erwähnen, welcher in den engsten untrennbaren Beziehungen zum Handel steht, und doch bei einer engeren Auffassung des letzteren Ausdruckes von diesem nicht mitgetroffen wird". Unter Gewerbe ist aber ausdrücklich nur das Großgewerbe, nicht auch das Handwerk, zu verstehen, (vgl. Anm. 9) ebenso wie auch nur der mittlere und große Handel, nicht aber der „von geringem Gewerbebetriebe" in den Bereich der Aufgaben der Handelskammern fällt. Eine Anomalie besteht insofern, als das kaufmännische Detailgeschäft, obwohl es in seinen Lebensbedingungen sich nicht anders zum Großhandel verhält als das Handwerk zum Fabrikbetrieb, ausdrücklich in die Wirksamkeit der Handelskammern einbezogen ist. (Vergl. § 3.)

5. § 1 begrenzt die Thätigkeit der Handelskammern auf den ihnen zugewiesenen Bezirk. Sie sind weder verpflichtet noch überhaupt berechtigt, Interessen auswärtiger Gewerbetreibender zu vertreten, da sonst unter Umständen Meinungsverschiedenheiten mit der zunächst zuständigen Handelskammer entstehen können. Eine Abweichung von dieser Regel und damit von der formellen Zuständigkeit hat sich gewohnheitsmäßig nur für diejenigen Fälle herausgebildet, in denen besondere Anträge aus einem zu keiner Handelskammer gehörenden angrenzenden Bezirke an das Collegium gelangen. In solchem Falle haben sich die Handelskammern durch die ihrer Competenz gesetzten Grenzen nicht beengen lassen und ist ihnen hieraus auch kein Vorwurf gemacht worden.

6. Die Handelskammern sollen die Gesammtinteressen der Handels- und Gewerbetreibenden ihres Bezirkes wahrnehmen. Wenngleich eine nähere Begründung oder Ausführung dieser für die Handelskammern selbst wichtigsten Bestimmung nirgends gegeben ist, so kann doch darüber kein Zweifel bestehen, daß die Handelskammern diese Interessen Jedem gegenüber, also auch gegenüber den Behörden wahrzunehmen verpflichtet sind. Die beiden Funktionen, die Interessen des Gewerbes wahrzunehmen und die Behörden zu unterstützen, sind nicht gegensätzlich. In solchen Fällen, in denen die Handelskammern in Maßnahmen oder Unterlassungen der Behörden einen Nachtheil für die gewerblichen Gesammtinteressen erblicken, hat der ihnen verliehene autoritative Charakter zwar insofern vorzuwalten, daß sie durch sachverständigen Beirath die Behörden zunächst aufzuklären haben, wenn diese Wirksamkeit aber ohne Erfolg bleibt, haben sie die Pflicht, die gewerblichen Interessen selbst Behörden gegenüber wahrzunehmen, d. h. die höhere Verwaltungsinstanz um Unterstützung anzugehen und ev. auch durch Petition bei Landtag und Reichstag die von ihnen vertretenen Interessen zur Geltung zu bringen. (Das Verhältniß zu den Reichsbehörden konnte durch das dem Reiche voraufgegangene Gesetz nicht in Betracht gezogen werden, es hat sich dasselbe aber von selbst zu einem unmittelbaren ausgestaltet.) Das Gesetz spricht allerdings nur von der einseitigen Pflichterfüllung von Seiten der Handelskammer. Die Behörden haben aber diesen Mangel von selbst durch eine entgegenkommende Bereitwilligkeit ausgeglichen. Wenn auch noch hier und da, an solchen Stellen, an denen man die Wichtigkeit einer Interessenvertretung überhaupt verkennt, eine etwas bureaukratische Zurückhaltung geübt wird, die den Handelskammern sogar das Recht, Initiativanträge zu stellen, bestreitet, so kann doch als Regel die entgegengesetzte Beobachtung gelten. Die Behörden sind im Allgemeinen bemüht, auch ihrerseits die Autorität der Handelskammern und ihre Wirksamkeit durch fortlaufende Zuweisung von Informationen und Berichten, sowie durch bevor-

zugte Heranziehung zu den Arbeiten ihres Ressorts zu unterstützen, zu stärken und zu vermehren. Leider wird den Handelskammern die Informationsertheilung dadurch hier und da erschwert, daß die Behörden vielfach bei der Befragung der Handelskammern zugleich noch gleichlautende Anfragen an einzelne Betriebe oder Vereine desselben Bezirkes richten. Würden sie über die Art, wie die Handelskammern arbeiten, genauer unterrichtet sein, d. h. würden sie davon Kenntniß haben, daß die Handelskammer derartige an sie gelangende Anfragen selbst erst eingehend mit den Hauptbetheiligten nach allen Richtungen hin berathen muß, so würden sie das Mißliche eines solchen Verfahrens, welches der Autorität der Handelskammer, wenigstens in den Augen der Betheiligten, gleichsam eine Controlle durch die directe Information setzt, wahrscheinlich nicht aufrecht halten, um so weniger, als unter solchen Verhältnissen eine Handelskammer niemals mit der unerläßlichen Vollständigkeit und Bestimmtheit den Behörden zu dienen vermag.

Was schließlich die Frage betrifft, ob die Handelskammer eine politische Färbung anzunehmen berechtigt ist, so beantwortet sich diese von selbst, wenn man sich vergegenwärtigt, daß sie die Interessen ihrer allen Parteien angehörenden Wähler zu vertreten hat und aus deren gemeinsamen Beiträgen ihre Existenz bestreitet.

7. Die Regierungs-Vorlage hatte statt des Wortes „insbesondere" das Wörtchen „und" stehen. Wenn die Commission dem Worte „insbesondere" den Vorzug gab, so wollte sie damit keineswegs die Bestimmung der Handelskammer auf die Dienstleistung beschränken, die ihr, gegenüber den Behörden, auferlegt war. Der Regierungs-Commissar hob vielmehr in den Verhandlungen vom 14. Januar 1870 hervor, daß die Unterstützung der Behörden nicht anders als wie ein Theil der Aeußerung der Thätigkeit der Handelskammer, als Vertretung der Gesammtinteressen des Handelsstandes zu dienen, aufzufassen sei. Die Wahrnehmung der Interessen der Gewerbetreibenden ist somit die allgemeine, die Unterstützung der Behörden die besondere Aufgabe der Handelskammer, d. i., staatsrechtlich ausgedrückt, die Handelskammern haben die Interessen der Gewerbetreibenden besonders dadurch zu vertreten, daß sie die Behörden mit ihrem Rathe unterstützen und zwar auch dann, wenn sie der Uebereinstimmung mit den Anschauungen der Staatsregierung nicht versichert sind.

Diese Auslegung erschien dem Abgeordneten-Hause noch nicht bestimmt genug. Seitens eines Abgeordneten wurde das Bedenken ausgesprochen, es könne der Hauptnachdruck in der Praxis auf das Wörtchen „insbesondere" gelegt werden, während doch im Gegentheil die Förderung der Interessen der Handel- und Gewerbetreibenden die erste und wichtigste Verpflichtung, die Unterstützung der Staatsbehörden nur eine nebensächliche Pflicht der Handelskammern sein müsse. Diesen Bedenken trat der Kommissar der Regierung mit folgenden Ausführungen entgegen. Die Staatsregierung lege eine erhebliche materielle Bedeutung auf die berührte Frage nicht, es handle sich nur darum, einen formell korrekten Ausdruck zu gebrauchen. An sich wäre es thunlich, nur zu sagen: die Handelskammern haben die Bestimmung, die Gesammtinteressen der Handel- und Gewerbetreibenden in ihren Bezirken wahrzunehmen. Die Staatsregierung habe aber geglaubt, noch hinzufügen zu müssen: insbesondere aber haben die Handelskammern die Bestimmung, die Behörden zu unterstützen. Dieser letztere Theil der Thätigkeit der Handelskammern sei eben nur ein Theil des bereits im ersten Abschnitt Erwähnten, und deshalb dürften beide Sätze aus logischen Rücksichten nicht durch das Wort „und" sondern müßten durch das Wort „insbesondere" verbunden werden.

8. Unter Behörden sind hier sowohl die höheren, mittleren und unteren Staats- wie die Gemeindebehörden verstanden. Die Handelskammern sind verpflichtet, auf Ersuchen jeder behördlichen Anfrage zu entsprechen, wenn auch in erster Linie in der Kommissions-Sitzung des Abgeordnetenhauses Seitens des Regierungs-Kommissars nur die Verpflichtung gegenüber den Zentral- und Provinzialbehörden hervorgehoben wurde. In Folge der dem Handelsminister gegenüber den Handelskammern in mehreren Punkten verliehenen Stellung als Aufsichtsbehörde, hat sich das Verhältniß beider wie das einer übergeordneten Instanz zu einer untergeordneten herausgebildet. Dieses thatsächliche Verhältniß entbehrt insofern der formellen Rechtsunterlage, als die Preußischen Handelskammern, abgesehen von den genau normirten Spezialbefugnissen des Handelsministers, zu diesem in keinem näheren Verhältnisse stehen, als zu den übrigen Zentralstellen auch. Der Preußische Handelsminister ist prinzipiell den Handelskammern nicht anders übergeordnet, als z. B. der Minister der öffentlichen Arbeiten oder der Finanzminister auch.

Auch zu der Regierung ihres Bezirkes stehen sie in keinem engeren Verhältnisse, zumal, seitdem das Gesetz über die Zuständigkeit der Verwaltungs- und Verwaltungs-Gerichts-Behörden die von den Regierungen früher gegenüber den Handelskammern ausgeübten Kompetenzen, von denen die wichtigste die Bewilligung eines, zehn Prozent der Gewerbesteuer vom Handel überschreitenden Zuschlages war, auf den Handelsminister bezw. den Bezirksausschuß übertragen hat.

Das Gesetz will den Handelskammern ihre breiteste und freieste Wirksamkeit sichern, und ermächtigt sie daher, nach ihrem Ermessen mit allen Behörden zu verkehren. Es ist aus Anlaß eines besonderen Falles Seitens eines Regierungs-Präsidenten Anstoß daran genommen, daß eine Handelskammer sich mit einer

Anfrage an einige in ihrem Bezirke befindliche Landrathsämter gewandt hatte, und es ist ihr aufgegeben worden, künftighin nur noch durch die Regierung mit den Landrathsämtern zu verkehren. Diese Verfügung widerspricht dem Wortlaute des Gesetzes, welches den Verkehr der Handelskammern mit den Behörden nicht begrenzen will (vgl. § 1 und § 32). Ein Erforderniß zu einer derartigen, das Gesetz beschränkenden Verfügung ist auch sachlich nicht gegeben. Sofern eine Regierung Werth darauf legt, daß in gewissen Fragen die Landrathsämter keine irgendwie verantwortungsvollen Auskünfte ertheilen, sind sie in der Lage, die Landrathsämter ihres Bezirkes dahin anzuweisen, daß solche Auskünfte nicht ohne vorgängige Genehmigung der Regierung ertheilt werden. Eine Befugniß, das Fragerecht der Handelskammern zu beschränken, steht keiner Behörde zu. Auch darf dasselbe nicht etwa dadurch illusorisch gemacht werden, daß den unteren Verwaltungsstellen generell untersagt wird, die Anfragen der Handelskammern zu beantworten. Dies würde zwar nicht ein Verstoß gegen die Form aber gegen den Inhalt des Gesetzes sein. Um hier keine Mißdeutung aufkommen zu lassen, wurde in der Spezialdiskussion der Kommission des Abgeordnetenhauses die Fassung des Regierungs-Entwurfs in § 1 dahin abgeändert, daß an die Stelle der Worte „Central- und Provinzialbehörden" einfach das Wort „Behörden" gesetzt wurde, damit „der Wechselverkehr der Handelskammern mit allen Behörden, mit den höheren, mittleren und unteren, mit Staats- und Gemeindebehörden, soweit und weil alle diese mit Angelegenheiten der Gewerbe- und Handelsvertretung befaßt seien, als zulässig und wünschenswerth hervortrete". Diese Abänderung wurde auch von der Staatsregierung als zweckmäßig anerkannt, von ihr in ihren zweiten Entwurf aufgenommen und von dem Landtage bestätigt.

9. Die Vertretung der Handwerksinteressen liegt den Handelskammern nicht ob, unter Gewerbe ist vielmehr nur das Großgewerbe einschließlich der Bergbau zu verstehen. Die Handwerksinteressen kommen nur soweit in Frage, als es sich um die Interessen solcher Betriebe handelt, deren Umfang sich dem kaufmännischen annähert. Doch sollen auf der anderen Seite den Handelskammern auch nicht zu beengende Schranken in ihrer Wirksamkeit gezogen werden. Der Commissions-Bericht des Abgeordnetenhauses bemerkt in dieser Beziehung Folgendes:

„Den Handelskammern kann es nicht beikommen, sich zu Vertretern auch solcher Berufskreise aufzuwerfen, welche keinerlei Antheil an ihrer Wahl haben. Jener umfassende Ausdruck: „Handel und Gewerbe" wahrt nur die Solidarität des Handels und aller übrigen Gewerbe. Er soll nichts Anderes besagen als: die Handelskammern haben die Bestimmung, die den Handel betreffenden und die verwandten gewerblichen Interessen wahrzunehmen. Wollen die Handwerker es in Abrede stellen, daß auch zwischen ihnen und dem Handel wechselseitige Beziehungen herüber und hinüber stattfinden, da für den Handel die Lage und der Gang der Handwerke nicht gleichgiltig sein kann, daß heut zu Tage auch das Handwerk mehr und mehr in die Handelsgeschäfte hinübergreift? Eben deshalb wird man es auch den Handelskammern nicht verargen dürfen, wenn sie bei Erfüllung ihrer statistischen und konsultativen Aufgabe nicht ängstlich danach fragen, ob ihre Blicke und Urtheile nicht etwa über die Folien des Handelsregisters und über den minimalen Gewerbesteuersatz ihres Wahlkreises hinaus auch auf benachbarte Gebiete des gewerblichen Lebens sich richten."

10. Auch den Gerichten erstatten die Handelskammern Gutachten und zwar:

a) in solchen Fällen, in denen es sich um die Feststellung bestimmter Thatsachen handelt (z. B. Preise, Absatzverhältnisse, Produktionsarten u. ähnl.),

b) zur Feststellung ortsüblicher Handelsgebräuche.

Den letzteren hat das H.-G.-B. in den Fällen nachstehender Artikel Gesetzeskraft eingeräumt:

Art. 57. (Natur der Dienste und Ansprüche der Handlungsgehilfen.)
„ 61. (Lehrzeit der Handlungslehrlinge.)
„ 70. (Vorschußgewährung an Handelsmäkler.)
„ 80. (Probebewahrung Seitens der Handelsmäkler.)
„ 82. (Zahlungstermin für Mäklergebühren.)
„ 83. (Leistung der Mäklergebühr.)
„ 279. (Bedeutung und Wirkung von Handlungen und Unterlassungen im Handelsgeschäft.)
„ 285. (Einbehaltung der Draufgabe.)
„ 326. (Erfüllungszeit einer Verbindlichkeit.)
„ 327. (desgl.)
„ 334. (Disconto-Abzug bei Zahlungen.)
„ 339. (Frist bei Verkaufsofferten.)
„ 342. (Fälligkeit des Kaufpreises.)
„ 346. (Empfangnahme gekaufter Waare.)
„ 349. (Einreden wegen mangelhafter Waare.)
„ 351. (Kosten der Uebergabe beim Verkauf.)
„ 352. (Marktpreis oder Börsenpreis.)
„ 369–371. (Kreditgewährung, Verbindlichkeit, Auslieferungsprovision im Kommissionsgeschäft.)
„ 394. (Transportleistung im Frachtgeschäft.)

Neben diesen im H.-G.-B. besonders vorgesehenen Fällen hat das Handelsgewohnheitsrecht auch überall dort Gesetzeskraft, wo handelsrechtliche Fragen im Gesetzbuche nicht entschieden sind. Es können daher die Begriffsmerkmale eines Rechtsgeschäftes, über welches das H.-G.-B. Rechtsregeln aufstellt, ohne es zu definiren, aus dem Gewohnheitsrechte entnommen werden. (E. v. 18. Nov. 1873. Entsch. XI, S. 408.)

Da wo Kammern für Handelssachen in einem Handelskammerbezirke bestehen, ist diesen die Entscheidung über Handelsgebräuche zugesprochen. (§ 118 des Gerichtsverfassungsgesetzes vom 27. Januar 1877 bestimmt: „Ueber Gegenstände, zu deren Beurtheilung eine kaufmännische Begutachtung genügt, sowie über das Bestehen von Handelsgebräuchen **kann** die Kammer für Handelssachen auf Grund eigener Sachkunde und Wissenschaft entscheiden.") Neben den Kammern für Handelssachen kommen für die Feststellung von Handelsgebräuchen in erster Linie die Handelskammern in Betracht.

In der Kommissions-Sitzung vom 14. Februar 1869 wurde mit Zustimmung des Regierungs-Kommissars den Handelskammern ferner die **Befugniß** zuerkannt, außer und vor Gericht kaufmännische Gutachten und Atteste auszustellen.

Die Motive sprechen die Verpflichtung der Handelskammer aus, jeder Zeit auch an **Private** Gutachten zu erstatten, beschränken diese Verpflichtung aber nur auf den Fall, „daß die gutachtliche Aeußerung der Handelskammer ihrem Gegenstande oder ihrer sonstigen Beziehungen nach sich im Allgemeinen als ein Akt der Wahrnehmung der Gesammtinteressen der Handel- und Gewerbetreibenden ihres Bezirkes darstelle." Der Sinn dieser Ausführung ist schwer verständlich, da der in derselben erwähnte Fall entweder auf alle oder auf keinen Fall Anwendung findet, eine Unterscheidung der einzelnen Fälle auf ihre weitergehende Bedeutung jedenfalls ungemein schwierig ist. Die Handelskammern lehnen daher zumeist solche von Privaten nachgesuchte Gutachten prinzipiell mit der Verweisung auf den Rechtsweg ab. Dieses Verfahren findet auch durch eine weitere Ausführung der Motive selbst seine Rechtfertigung. Es heißt daselbst: Die Beilegung eines weiter gehenden Rechtes liegt nicht im Interesse des Handelsstandes als solchen und könnte auch nur zu leicht dazu führen, die Handelskammern übermäßig zu belasten und ihre Kräfte auf möglicherweise kleinliche Entscheidungen, auf Untersuchungen von Fragen zu zersplittern, die eine über den speziellen Streitfall hinausgehende Bedeutung nicht in Anspruch zu nehmen haben und ebensowohl von jedem Mäkler oder Kaufmann als Sachverständigen zu beurtheilen sind, wie denn eine solche mißbräuchliche Berufung auf das Gutachten von Handelskammern schon häufig vorgekommen und beobachtet ist.

Ueber die von den Handelskammern erstatteten Rechtsgutachten ist hier und da Klage geführt. Die Anforderung, daß jedes Gutachten von dem Plenum der Kammer und in ihrem Namen erstattet werden solle, ist nicht zu erfüllen. In einzelnen Handelskammer-Bezirken finden mit Rücksicht auf die große Entfernung im Jahre nur wenige (3—4) Sitzungen statt, es würde sich deshalb die Erstattung von Gutachten zu lange verzögern, deshalb haben solche Kammern sich damit beholfen, entweder auf dem bureaumäßigen Wege durch den Sekretär bei den Sachverständigen das Sachverhältniß zu ermitteln und dann durch die beiden Vorsitzenden das Gutachten vollziehen zu lassen, oder ein für alle Mal ein Mitglied zu beauftragen, unter Heranziehung von zwei jeweiligen Sachverständigen das Gutachten unter Gegenzeichnung des Vorsitzenden zu erstatten.

Es ist selbstverständlich, und beispielsweise im Bezirke der Handelskammer für den Regierungsbezirk Oppeln durch übereinstimmende Verfügungen der Landgerichtspräsidenten angeordnet, daß das befragende Gericht der Handelskammer das volle Aktenmaterial des Falles zur Einsicht beizufügen hat.

11. Die **privatrechtliche** Persönlichkeit steht den Handelskammern nicht zu. Sie können daher als solche weder Eigenthum erwerben noch veräußern, überhaupt keine Rechtsgeschäfte abschließen. Die Motive bemerken hierzu: „Von einigen wenigen Stimmen ist der Antrag gestellt worden, den Handelskammern in gewissem Umfange privatrechtliche Persönlichkeit beizulegen, insbesondere ihnen das Recht zum Abschluß der mit der Erfüllung ihrer Obliegenheiten zusammenhängenden Rechtsgeschäfte, zum eigenthümlichen Erwerb von Geschäftslokalen und zum Auftreten vor Gericht als Partei beizulegen. Wenn hierbei zunächst darauf hingewiesen ist, daß die Handelskammern schon durch die bisher ihnen zugewiesenen Funktionen in geschäftliche Beziehungen verwickelt werden können, deren Erledigung ohne jene Rechte nicht wohl möglich sei, so steht dem entgegen, daß thatsächlich während einer langen Reihe von Jahren nur sehr wenige Fälle bekannt geworden sind, in denen der Mangel jener Rechte zu Verlegenheiten und Schwierigkeiten bei dem Abschluß und der Abwickelung jener an sich schon nicht bedeutenden Geschäfte, wie sie etwa bei der Ernennung des Sekretärs oder der Miethe eines Geschäftslokales vorkommen, geführt hat. Zur Ausführung größerer Unternehmungen bietet das bestehende Recht genug Formen für eine freiwillige Vereinigung der erforderlichen Kräfte und Mittel. Ein allgemeines praktisches Bedürfniß, welches die Gewährung des Antrages rechtfertigen könnte, liegt nicht vor."

Uebrigens gab in der Kommission des Abgeordnetenhauses der Regierungskommissar die Erklärung ab, daß, wo ein wirkliches Bedürfniß vorliegen sollte, eine einzelne Handelskammer in wünschenswerther Erweiterung des Kreises ihrer nächsten wirthschaftlichen Zwecke durch Beilegung der Rechtspersönlichkeit zu unterstützen — er denke an den Fall einer Zuwendung von Kapital oder Grundstücken —

alsdann die Staatsregierung gewiß keinen Anstand nehmen werde, hierauf einzugehen.

Bezüglich der staatsrechtlichen Stellung der Preußischen Handelskammern finden sich in der Praxis nur Kontroversen. Der Standpunkt und die Auffassung der Staatsregierung geht aus folgenden authentischen Interpretationen hervor:

1. Rescript der Königlichen Regierung zu Liegnitz vom 8. Juli 1882 verfügt über die Handelskammer Görlitz, „daß sie ihrer amtlichen Funktion in der Staatsverwaltung enthoben sei und demgemäß auf eine Mitwirknng der Staatsbehörden bei Erledigung ihrer Angelegenheiten keinen Anspruch habe."

2. Erklärung des Staatsministers v. Bötticher im Reichstage 16. Dezember 1881, „die Handelskammern seien Organe der Staatsverwaltung. Sie hätten die Verpflichtung, wahrheitsgetreu und objektiv zu berichten, und wenn die Handelskammern dieser Verpflichtung nicht nachkämen, so sei es nicht nur das Recht, sondern auch die Pflicht des vorgesetzten Ministers, sie auf ihre Obliegenheiten hinzuweisen".

3. Erklärung des Unterstaats-Sekretärs v. Möller im Abgeordnetenhause, 7. März 1882: „Die Handelskammern seien nicht wie eine freie Vereinigung entstanden, sondern sie seien unter thätiger Mitwirkung und ausdrücklicher Genehmigung der Staatsregierung ins Leben gerufen. . . . Nach dem Gesetze seien die Handelskammern einfach Organe der Staatsregierung und nicht selbständige Körperschaften".

Nach diesen Erklärungen könnte man geneigt sein, die Handelskammern bedingungslos als Behörden zu nehmen. Doch steht dem schon die gewichtige Interpretation eines Theoretikers von anerkannter Bedeutung entgegen, der ihnen wenigstens die volle Eigenschaft der Behörden nicht zuerkannt wissen will.

v. Rönne sieht in den Handelskammern Organe der Regierungen und stellt sie staatsrechtlich mit den Kreisverwaltungsbehörden, den Kataster-Verwaltungen, den Domänen-, Forst-, Schifffahrts-, Eichungs-, Gefängniß-, Landarmenverwaltungen 2c. zusammen. Andererseits bestreitet er ihnen die Eigenschaft als Behörden und will sie vielmehr unter den allgemeinen Begriff der politischen Körperschaften und zwar der Selbstverwaltungskörperschaften gebracht wissen. Sie sollen nach seiner Auffassung staatsrechtlich eine ähnliche Stellung haben wie die übrigen im Staate bestehenden Vertretungskörper, als Stadtverordnetenversammlungen, Kreistage, Provinziallandtage, kirchliche Gemeindevertretungen u. s. w., bei welchen sich die Zwecke des Staates mit den Interessen bestimmter Kreise des Volkes berührten. (v. Rönne, Das Staatsrecht der preußischen Monarchie. 4. Auflage. 1883. III. Bd. § 221. S. 238.)

Wenn man auch von dem Widerspruche, der in dieser zweideutigen Auffassung liegt, absieht, so wird man doch Bedenken tragen, v. Rönnes Auffassung ohne weiteres zu theilen. Das Sprachgefühl sagt uns, daß die eine Bestimmung zu eng, die andere zu weit ist. Zu einer festen Meinung können wir jedoch erst gelangen, wenn wir die Vorfrage beantworten, was unter Behörde zu verstehen ist, und was ihr Kriterium ausmacht.

In der oben erwähnten Kommissionssitzung des Abgeordnetenhauses, in welcher die Petition der Hildesheimer Handelskammer verhandelt wurde, hat sowohl der Referent wie der Korreferent und der Regierungskommissar eine von v. Rönne in seinem Preußischen Staatsrecht angeführte Definition der Behörde „als dasjenige Organ, welchem in der Gesammtgliederung des Staates ein bestimmter Geschäftskreis oder Inbegriff von Funktionen im Staate zugewiesen sei", als maßgebend angenommen. v. Rönne reproduzirt in dieser Begriffsbestimmung selbst wieder nur eine Definition Schmitthenners aus dessen Allgemeinem Staatsrecht (§ 160 S. 499) und führt gegen die unbedingte Geltung dieser Bestimmung seinerseits selber an, daß die letztere von anderer Seite als zu weitgehend beurtheilt werde, weil nach ihr jeder einzelne Beamte, jede gesetzgebende Körperschaft eine Behörde sein würde. Von anderer Seite werde eingewandt, daß es keine ständige Behörde ohne Beamte gebe und daß die Beamten die Träger bestimmt abgegrenzter Machtbefugnisse und Obliegenheiten der Verwaltung seien. (v. Rönne, a. a. O. Bd. III. S. 46. Note 5.)

Welcher von beiden Auffassungen v. Rönne selbst folgt, sagt er nicht, wir stehen nicht an, zu erklären, daß wir die letztgenannte Definition für die allein richtige halten, daß wir uns keine Behörde ohne Beamte denken können, und daß wir nicht jeden Verband, dem vom Staate ein bestimmter Geschäftskreis oder bestimmte Funktionen zugewiesen sind, für eine Behörde ansehen können (z. B. Volkswirthschaftsrath, Parlament, Kreistag), sondern nur diejenigen Institute, denen besondere Funktionen der Verwaltung beigelegt worden sind.

Vom Standpunkte dieser Begriffsbestimmung kann die Handelskammer eine Behörde nicht genannt werden, da sie nicht durch Beamte repräsentirt wird, und auch kein ausführendes, sondern ein berathendes Kollegium bildet.

Gegen den behördlichen Charakter der Handelskammer sprechen aber auch bestimmte Eigenheiten in ihrer Organisation. Sie setzt sich aus Mitgliedern zusammen, die, aus freier Wahl der Berechtigten gewählt, ihrerseits wieder ihren Vorsitzenden rechtsgiltig wählen, ohne daß der letztere der Regierung vorgeschlagen oder von dieser auch nur bestätigt zu werden braucht; keine Behörde ist namhaft zu machen, welche nicht wenigstens in ihrer obersten Leitung einer Ernennung oder Bestätigung seitens der Regierung bedarf.

Die Handelskammern bedürfen an sich keiner Beamten, keiner Bureaus und keiner Sitzungssäle. Es sind thatsächlich Fälle bekannt, wo die laufenden Geschäfte von Handelskammern durch ein jeweiliges Mitglied geführt werden, wo die Akten ꝛc. sich auf dem Comptoir des Vorsitzenden befinden, wo Strafgelder erhoben werden, wenn Mitglieder bei den Sitzungen unentschuldigt fehlen, und wo die Sitzungen bei Bier oder Wein im Wirthshaus abgehalten werden. Auch diese Gewohnheiten entsprechen nicht der Geschäftsführung von Behörden. Bei Verletzung der Amtspflichten, sowie bei jedem Verhalten, welches den Anforderungen des Berufes nicht entspricht, können die Repräsentanten einer Behörde — soweit nicht strafrechtliche Verfolgung eintritt — im Disziplinarwege in Strafe genommen werden; diese Befugniß erstreckt sich sogar auf die Magistratsmitglieder; ein Disziplinarverfahren gegen die Repräsentanten der Handelskammer einzuleiten, ist nicht angängig, gegen dieselben kann nur strafrechtlich vorgegangen werden, da sie das Amt ohne weitere Verbindlichkeiten angetreten haben. Das Recht, auf unfrankirte Schreiben die Bezeichnung „portopflichtige Dienstsache" zu setzen, wie es den Behörden und zwar selbst den Kommunalbehörden zusteht, ist auf eine bezügliche Anfrage den Handelskammern ausdrücklich von seiten des Ministeriums für Handel und Gewerbe bestritten worden.

Eine Behörde bleibt bestehen, wenn sie auch zeitweilig nur kommissarisch verwaltet wird, ihr Bestand ist unabhängig von den Beschließungen ihrer Repräsentanten, sie kann unabhängig von den Betheiligten ins Leben gerufen und aufgehoben werden. Die Handelskammern haben als Vorbedingung ihrer Konstituirung eine Willensäußerung der Betheiligten, sie erweitern und verkleinern das Gebiet ihrer Zuständigkeit zunächst nach freiem Ermessen, sie können in der Theorie selbst gegen den Willen der Staatsregierung ihre Existenz aufheben, sie können andererseits in der Sache nicht gegen ihren Willen aufgelöst, sondern nur ihrer amtlichen Funktionen enthoben werden.

Ferner sind den Behörden bestimmte autoritative und entsprechende Exekutivfunktionen beigelegt, die Handelskammern entbehren im Großen und Ganzen der behördlichen Autorität. Sie sind zu mancherlei den Behörden verpflichtet, ohne zu entsprechenden Machtbefugnissen berechtigt zu sein; man müßte denn das kontingentirte Recht der zwangsweisen Erhebung von Beiträgen als volles Aequivalent ansehen.

Jede Behörde nimmt innerhalb des gesammten Behördenorganismus eines Staates einen fest bestimmten Platz ein, der dieselbe nach oben in instanzmäßiger Steigerung unterordnet, nach unten staffelweise überordnet. Die Handelskammern haben die Behörden in der Förderung des Handels und der Gewerbe zu unterstützen; es ist ihnen gestattet, ihre Berichte unmittelbar an die Zentralbehörden zu erstatten und sie haben nur derjenigen Provinzialbehörde, in deren Geschäftskreis der Gegenstand fällt, von dem an die Zentralbehörden erstatteten Berichte Mittheilung zu machen. (§ 32 Abs. 3.) In ein ausdrückliches Subordinationsverhältniß zu einer bestimmten Behörde sind sie nach dem Gesetz nicht gebracht worden. Die Behörden selbst erkennen in der Praxis die behördliche Stellung der Handelskammer nur in Ausnahmefällen an. Während in Frankreich den Handelskammern eine feste Rangordnung (sie rangiren hinter den Handelsgerichten) zuertheilt ist, nimmt man in Preußen von der Handelskammer bei öffentlichen Gelegenheiten im Allgemeinen nicht Notiz. Es tritt dies bei Aeußerlichkeiten, wie z. B. bei Einladungen zu öffentlichen Festlichkeiten und ähnlichem bemerkbar hervor. Eine gewisse Convenienz hat seither nur in den westlichen Landestheilen, in denen die Beziehungen der Verwaltungsbehörden zum Gewerbestande engere sind, ausgleichend gewirkt.

Die angeführten Momente lassen zur Genüge erkennen, daß die Handelskammern Behörden in dem gebräuchlichen Sinne nicht sind, daß ihr autonomer Charakter vielmehr bis zu einem bestimmten Grade in allen ihren Einrichtungen hindurchschimmert. Daß es gar nicht in der Absicht der Gesetzgebung gelegen hat, ihnen einen solchen ausgeprägt behördlichen Charakter zu geben, ist aus den Berathungen ersichtlich, die das Gesetz vom 24. Februar 1870 eingeleitet haben.

Gegen den freien Charakter der Handelskammern spricht eine Reihe schwerwiegender Gründe.

Die Handelskammern konstituiren sich nicht selbst, sondern ihre Errichtung unterliegt der Genehmigung des Handelsministers, der zugleich über die Zahl der Mitglieder und, in bestimmten Fällen, auch über den Sitz der Handelskammer beschließt. (Vor dem Gesetz von 1870 wurden die Handelskammern durch Königliche Verordnung errichtet.)

Ihre Mitglieder werden bei ihrer Konstituirung unter Leitung eines Regierungskommissars gewählt.

Ihre Organisation, Zuständigkeit und Bestimmung ist durch ein Landesgesetz geregelt.

Sie können ihren Etat nicht feststellen, ohne denselben der Regierung mitzutheilen; sie haben auch nur eine begrenzte Freiheit in der Festsetzung ihrer Beiträge.

Sie sind verpflichtet, ihre Protokolle zu publiziren. Sie müssen auf vorgelegte Fragen den Behörden Auskunft geben und alljährlich dem Minister Bericht erstatten.

Diejenigen Gegenstände, welche ihnen in einzelnen Fällen von den Behörden als für die Oeffentlichkeit nicht geeignet bezeichnet werden, dürfen sie weder öffentlich berathen, noch öffentlich mittheilen.

Der mit fester Besoldung angestellte Beamte der Handelskammer ist mittelbarer Staatsbeamter. (Entsch. des Oberverw.-Ger. 21. März 1890 und Erlaß des Min. f. H. u. G. vom 12. Mai 1890. Nach dieser Entscheidung müssen die Handelskammern jedenfalls als öffentlich rechtliche Organe im Sinne des allgemeinen Landrechts als dem Staate untergeordnet gelten.)

Sie ernennen öffentliche Beamte (die Handelsmäkler) und üben die Aufsicht aus über Börsen und andere für den Handelsverkehr bestehende öffentliche Anstalten.

Es ist ihnen die Mitwirkung bei Bildung der Eisenbahnräthe und des Volkswirthschaftsrathes und das Vorschlagsrecht für die Ernennung der Handelsrichter eingeräumt.

Es ist ihnen ein den heraldischen Adler enthaltendes Siegel beigelegt, auch sind sie lange Jahre zu öffentlichen Beurkundungen befugt gewesen und zu solchen neuerdings wiederum befugt worden.

Sie konsumiren öffentliche Mittel und haben das Recht, dieselben unter öffentlicher Autorität beizutreiben.

Alle diese Eigenschaften schließen die Möglichkeit aus, die Handelskammern als autonome Körperschaften hinzustellen. —

Es ergiebt sich somit, daß sowohl diejenigen, welche die Handelskammern zu Behörden machen, als auch diejenigen, die in ihnen vollständig autonome Körperschaften erblicken, sich im Irrthum befinden. Schwieriger als dieser Beweis, was sie nicht sind, dürfte der Nachweis sein, was sie ihrer rechtlichen Natur nach sind.

Versuche sind nach dieser Richtung allerdings gemacht worden, doch kommen sie am Ende nur auf Umschreibungen statt auf genaue Bestimmungen hinaus.

Der mehrfach erwähnte Bericht der Kommission für Handel und Gewerbe äußert sich:

„Unsere Handelskammern sind durch besondere gesetzliche Anordnungen begründete, vom Staate ausdrücklich anerkannte, auf der Beitragspflicht der Betheiligten beruhende Organe mit berathender Stimme für die Wahrnehmung der Bedürfnisse des Handels und der verwandten Gewerbe. Ihr Schwerpunkt liegt in der Vermittelung zwischen dem Handelsstande und der Staatsregierung."

Der an den Verhandlungen theilnehmende Regierungskommissar spricht von einem halbbehördlichen Charakter der Handelskammern.

Die Motive zum Gesetz über die Handelskammern nennen die letzteren „gesetzlich anerkannte Organe zur Vertretung des Handelsstandes".

Der Unterstaatssekretär von Möller gab im Abgeordnetenhause in der Sitzung vom 7. März 1882 die Erklärung ab, daß die Handelskammern nicht wie freie Vereinigungen entstanden seien, sondern sie seien unter thätiger Mitwirkung und ausdrücklicher Genehmigung der Staatsregierung ins Leben gerufen. Das Gesetz habe den Handelskammern eine Reihe von Pflichten auferlegt, sowohl gegen diejenigen sozialen Kreise, welche in ihnen ihre Vertretung fänden, als auch gegen die Staatsregierung selbst, und um sie in den Stand zu setzen, diese Pflichten zu erfüllen, habe ihnen das Gesetz eine Reihe von Rechten beigelegt, zu deren Beilegung sonst nicht der mindeste Grund vorhanden gewesen wäre.

Alle die vorstehenden Erklärungen sind nicht geeignet, den staatsrechtlichen Begriff des in Rede stehenden Instituts zu klären. Sie erweisen nur die Dringlichkeit, gleichzeitig aber auch die Schwierigkeit, das Institut der Handelskammer, das mit mehr als einer Beziehung in die bureaukratische Hierachie hineinragt, in die letztere einzureihen, oder sonstwie zu einer festen, rechtlichen Form herauszubilden. Bis dahin können sie nur als verwaltungsrechtliche Gebilde eigener Art gelten, die nicht weiter ihres gleichen haben und daher von Fall zu Fall ausschließlich nach den ihnen gegebenen besonderen Rechtsgrundlagen zu beurtheilen sind.

§ 2.

Die Errichtung[1]) einer Handelskammer unterliegt der Genehmigung[2]) des Handelsministers.

Bei Ertheilung dieser Genehmigung wird zugleich über die Zahl der Mitglieder[3]) und, wenn die Errichtung für einen über mehrere Orte sich erstreckenden Bezirk erfolgt, über den Sitz der Handelskammer[4]) Bestimmung[5]) getroffen.

1. Genehmigung des Handelsministers. Die Initiative zur Bildung von Handelskammern ist vollständig dem Handel und Gewerbe überlassen. Die Anregung hat aus diesen Kreisen heraus zu erfolgen. Es geschieht dies in der Regel in der Weise, daß innerhalb einer Stadt einzelne Kaufleute zusammentreten und aus ihrer Mitte einen vorbereitenden Ausschuß wählen, der mit der auswärtigen Kaufmannschaft zu gemeinsamem Vorgehen Fühlung sucht. Mehrfach finden die Bestrebungen auch durch die Landräthe oder Bürgermeister Förderung und Unterstützung.

Das Gesetz enthält keine Bestimmung über die Erfordernisse, welche an die Errichtung einer Kammer gestellt sind. Es ist nicht ersichtlich, ob dazu die Uebereinstimmung der Mehrheit der Betheiligten oder das Gewicht der Hauptindustrieen eines Bezirkes als bestimmend anzunehmen ist. Es ist ferner weder bez. des Umfanges des Bezirkes noch des Mindestmaßes der Steuerleistung ein Anhalt gegeben. Der Mangel solcher Bestimmungen erklärt einerseits die Schwierigkeit in der Entstehung, andererseits die Ungleichmäßigkeit in dem Umfange und der Bedeutung der Handelskammern. Der Handelsminister hat von seinem Genehmigungsrechte thatsächlich den liberalsten Gebrauch gemacht, allerdings zum Nachtheile der Institution, indem er grundsätzlich den Anträgen Folge gegeben hat, auch wenn es sich um Bezirke handelte, deren geringer Umfang und deren beschränkte gewerbliche Bedeutung eine Organisation zur Handelskammer von vornherein als nicht lebenskräftig erscheinen lassen mußte, und doch war, nach den Erklärungen des damaligen Handelsministers v. Itzenplitz, die Absicht des Gesetzes zum Theil gerade darauf gerichtet, den Bestand der kleinen Handelskammern zu Gunsten solcher mit größerem Gesichtskreise zu erweitern. Es ist andrerseits verlangt worden, daß die zahlenmäßige Mehrheit der Betheiligten ihre Zustimmung geben bezw. eine Mehrheit nicht dagegen Protest erheben solle. Nun ist aber an der Bildung der Handelskammern im besonderen Maße nur die Großindustrie und der Großhandel interessirt, wogegen das zahlenmäßig überwiegende mittlere Gewerbe, wenngleich es von der Wirksamkeit der Handelskammern den gleichen indirekten Nutzen hat, sowohl die Beitragspflicht scheut, als auch aus persönlichen Gründen, da die Vertreter doch zumeist dem Großgewerbe anzugehören bestimmt sind, sich nur in Ausnahmefällen für die Handelskammern erwärmen wird. Diese Schwierigkeit hat bisher die freie Bildung und Ausgestaltung der Handelskammern vielfach erschwert. Es werden somit, mangels einer gesetzlichen Bestimmung, derartige Neubildungen immer von dem jeweiligen Ermessen des Handelsministers abhängig sein.

2. Was für die Neueinrichtung der Handelskammern gesagt ist, muß nach der Analogie auch für deren Erweiterung und Verminderung oder Spaltung gelten. Es bedarf für die Erweiterung eines Bezirkes der Zustimmung der Betheiligten und der Genehmigung des Handelsministers. Letztere wird der Regel nach dann ohne Beanstandung erfolgen, wenn die Betheiligten sich in ihrer Mehrheit für den Anschluß an die Handelskammer aussprechen. Ueber die Lostrennung eines Theiles oder die Spaltung einer ganzen Kammer ist in dem Gesetz eine Vorschrift nicht enthalten. Man kann aber ohne Weiteres schließen, daß ein Institut, welches zu seiner Errichtung der Genehmigung des Handelsministers bedarf, nicht ohne dessen ausdrückliche Genehmigung in der Lage ist, seinen Bestand zu verändern. Da die Entscheidung des Ministers nach dessen freiem Ermessen erfolgt, läßt sich nur hypothetisch annehmen, daß derselbe seine Einwilligung zu einer derartigen Umformung nur dann geben wird, wenn entweder alle Betheiligten damit einverstanden sind, oder wenn die vorgebrachten Gründe so zwingender Natur sind, daß das Interesse der Corporation selbst eine Umformung erfordert. Dies wird z. B. in den Fällen zutreffen, in denen ein Theil des Bezirkes einmüthig die Lostrennung von dem bisherigen Zusammenschluß beantragt, um sich einer geographisch ebenso zugehörigen anderen Handelskammer anzuschließen, mit der dieser Theil einen engeren inneren Zusammenhang nachzuweisen in der Lage ist. Voraussetzung hierfür ist, daß die hierbei in Frage kommende andere Handelskammer bereit ist, den Anschluß zu vollziehen. So sehr diese Consequenz der den Handelskammern

ausdrücklich gegebenen Beweglichkeit und Selbständigkeit der Organisation entsprechen dürfte, so würde im praktischen Falle doch mit großer Vorsicht und nur unter dem Drucke zwingender Umstände zu verfahren sein, da ein gegebenes Beispiel leicht dazu führen könnte, in einer Reihe von Handelskammern die thatsächlich vorhandenen Interessengegensätze zu einer planlosen, gegen den Bestand der seitherigen Institutionen gerichteten Agitation und Gegensätzlichkeit anzustacheln.

„Auflösung". Die Geschichte der preußischen Handelskammern verzeichnet mehrere Fälle, in denen der Minister für Handel und Gewerbe bestehende Handelskammern gegen ihren Willen aufgelöst hat. Ueber eine derartige Auflösungsbefugniß enthält das Gesetz keine Bestimmung. Der Handelsminister ist nicht in der Lage, einer Corporation, die sich aus freiem Willen zusammengeschlossen hat, zu verwehren, dieses Band künftighin aufzulösen, wohl aber kann ihm das Recht nicht bestritten werden, einer Corporation diejenigen Rechte zu entziehen, welche nur unter der Voraussetzung bestimmter im Gesetz normirter Bedingungen verliehen sind. Hierzu ist die Führung des heraldischen Adlers, das Recht der Beitragserhebung, die Aufsicht über Börseninstitute, die Ernennung von Maklern u. A. zu zählen. Als die Handelskammer Hildesheim im Jahre 1882 durch den damaligen Preußischen Handelsminister Fürsten v. Bismarck „ihrer amtlichen Functionen innerhalb der Staatsverwaltung enthoben und des Rechtes der Mitwirkung der Behörden bei der Erhebung der Beiträge für verlustig erklärt wurde", und als ihre diesbezügliche Beschwerde bei dem Staatsministerium und dem Abgeordnetenhause abgewiesen wurde, setzte sie gleichwohl ihre bisherige Thätigkeit unverändert fort, indem sie ihre Geldbedürfnisse durch freiwillige Beiträge der Mitglieder aufbrachte. Seitens der Gerichte wurde ihr rechtlicher Bestand ebenfalls unvermindert anerkannt, insofern, als ihr die Mitwirkung bei der Bestellung vereidigter Bücherrevisoren und Probenehmer nicht versagt wurde. Im Jahre 1883 hat die Handelskammer aus Opportunitätsrücksichten, da sie sich von den übrigen Handelskammern nicht unterstützt sah, ihren Widerstand unter ausdrücklicher Wahrung ihres Rechtsstandpunktes aufgegeben. Man wird hier die Frage aufwerfen können, ob eine ihrer gesetzlichen Befugnisse so entkleidete Corporation noch fernerhin überhaupt als Handelskammer angesehen werden kann, und ob sie überhaupt noch berechtigt ist, den Namen Handelskammer weiterzuführen. Wir neigen zu der Auffassung, daß sie hierzu nicht mehr befugt ist, daß sie durch einen solchen Act der Verwaltung vielmehr nur noch die Möglichkeit hat, als „freie Vereinigung" weiter zu existiren. Eine Handelskammer aufzulösen, weil sie sich seinem Willen nicht unterordnet, ist der Handelsminister aus dem Grunde nicht befugt, weil das Gesetz seinen Willen nicht demjenigen der Handelskammer übergeordnet hat. Er wird vielmehr gesetzlich nur dann zu einem solchen Acte schreiten können und müssen, wenn eine Handelskammer sich weigert, die im Gesetz vom 24. Februar 1870 ihr auferlegten Verflichtungen zu erfüllen. Zu diesen gesetzlichen Verpflichtungen gehörte es in dem Falle der Handelskammern Grünberg und Görlitz nicht, eine Berichtigung des Handelsministers in ihren Jahresbericht aufzunehmen, so wenig man vielleicht andererseits die Schroffheit gerechtfertigt finden kann, mit der eine Handelskammer sich einer solchen Aufforderung widersetzt, da sie ihre Meinung doch nach keiner Richtung hin zu ändern gezwungen war, und es ihr überlassen blieb, ihren abweichenden Standpunkt jeder Zeit ihren Wählern zur Kenntniß zu bringen.

3) „Zahl der Mitglieder." Ein fester Maßstab, nach dem die Zahl der Mitglieder zu bemessen wäre, ist weder im Gesetz vorgesehen, noch auch, wie es den Anschein hat, Seitens des Ministers benutzt worden. Die Gesammtziffer ist auch offenbar weniger in Betracht gezogen, als das richtige Zahlenverhältniß der auf die einzelnen Wahlkreise entfallenden Mitglieder. Von der Festsetzung einer bestimmten Höchst- oder Mindestziffer ist mit Absicht abgesehen worden. Die Zahl der Mitglieder soll nach den Motiven immer etwas höher genommen werden, weil sonst zu besorgen ist, daß, mangels an Stellvertretern, die Sitzungen häufig nicht beschlußfähig werden. Aus gleicher Rücksicht ist die zur Beschlußfähigkeit erforderliche Zahl möglichst gering angenommen worden.

4) „Sitz der Handelskammer." Auch über den Sitz der Handelskammer bestimmt der Handelsminister. Wenn das Gesetz auch angenommen hat, daß die Entscheidung ein für alle Male für eine bestimmte Stadt und zwar gelegentlich der Genehmigung erfolgen solle, so hat doch ausnahmsweise der Handelsminister seine Genehmigung dazu ertheilt, daß der Sitz zwischen zwei Städten wechselt. So hat beispielsweise der Minister für die Handelskammer für Ostfriesland und Papenburg, die Anfangs ihren Sitz in Emden hatte, nachträglich bestimmt, daß der Sitz alle drei Jahre zwischen Emden und Leer wechseln sollte. Es ist zweifelhaft, ob der Minister das Recht hat, nachträglich eine Verlegung des Sitzes zu genehmigen. Formelle und materielle Gründe sprechen dagegen, formelle, weil die Bestimmung des Sitzes bei Genehmigung der Errichtung der Handelskammer erfolgen soll, materielle, weil vielfach die Frage des Sitzes der Handelskammer für die Antragsteller von ausschlaggebender Bedeutung für das der Errichtung entgegengebrachte Interesse gewesen sein wird. Eine nachträgliche Verlegung würde, selbst wenn sie von der Mehrheit der Mitglieder nachträglich beantragt würde, von diesem Gesichtspunkte aus häufig von den Betheiligten als eine Verschiebung der

ursprünglichen Verhältnisse aufgefaßt werden. Jedenfalls empfiehlt es sich, derartigen Anträgen augenblicklicher Handelskammer-Majoritäten Seitens der Verwaltung nur in besonderen durch wirklich eingetretene Verschiebungen gerechtfertigten Fällen Folge zu geben.

5. „Bestimmung." Das Gesetz gebraucht hier nicht den Ausdruck Genehmigung, sondern Bestimmung. Es bindet den Minister bez. der Mitgliederzahl und des Sitzes also nicht an Anträge der Betheiligten, sondern überläßt in diesen beiden Punkten die Anordnung ihm allein (wogegen er bez. der Errichtung der Handelskammer, sowie des Amtsbezirkes derselben an die bestimmten Anträge der Betheiligten gebunden ist).

Wahlberechtigung und Wählbarkeit.

§ 3.

Zur Theilnahme an der Wahl der Mitglieder sind diejenigen Kaufleute[1]) und Gesellschaften[2]) berechtigt, welche als Inhaber einer Firma[3]) in dem für den Bezirk der Handelskammer geführten Handelsregister[4]) eingetragen stehen.

Mit Genehmigung des Handelsministers kann jedoch für einzelne Handelskammern nach Anhörung der Betheiligten[5]) bestimmt werden,[6]) daß das Wahlrecht außerdem[7]) durch die Veranlagung in einer bestimmten Klasse[8]) oder zu einem bestimmten Satze[9]) der Gewerbesteuer vom Handel bedingt sein soll.

1. Die preußischen Handelskammern nehmen als Unterlage für die Feststellung ihrer Wähler- und Beitragslisten entweder das Firmenregister oder die Gewerbesteuerlisten. Durch das Gesetz vom 19. Juli 1861 (Ges.-S. S. 697) ist die Veranlagung der Gewerbesteuer vom Handel in 3 Steuerklassen A I, A II und B erfolgt, wobei von der mittleren Klasse A II ausgegangen wird in der Weise, daß die umfangreicheren Geschäfte zur Klasse A I, die geringfügigen zur Klasse B gezählt werden. Die Motive nehmen nun an, daß im Wesentlichen nur die in den Gewerbesteuerklassen A I und A II Veranlagten, diese aber auch sämmtlich im Handelsregister Aufnahme finden, eine Annahme, die sich nicht als zutreffend erwiesen hat, da thatsächlich eine große Anzahl der in A II veranlagten Gewerbetreibenden ihre Firma nicht haben eintragen lassen und trotz aller darauf gerichteten Be-

mühungen der Handelskammern zur Eintragung auch nicht haben gezwungen werden können, da die zuständigen Gerichte sich auf den entgegenstehenden Wortlaut des Handelsgesetzbuches bezw. auf ihre entgegenstehende Meinung stützen. Da durch das neue preußische Gewerbesteuergesetz vom 24. Juni 1891 die Eintheilung der bisherigen Klassen ganz verschwinden und an deren Stelle drei große, nicht nach dem Berufe, sondern nach dem Geschäftsumfange gebildete Klassen treten werden, ist den Handelskammern die gesetzliche Unterlage für ihre Wahl- und Beitragslisten genommen. Die Handelskammer Münster bemerkt in ihrem Jahresberichte 1890 zu dieser Frage folgendes:

„Durch das neue Gewerbesteuergesetz, welches zunächst bei der Veranlagung für das Jahr 1893/94 zur Anwendung kommen soll, werden die Handelskammern insofern berührt, als dasselbe die Unterscheidungen der Gewerbesteuer für Handel, für Wirthschaft, für Handwerk und für Beförderung aufhebt. Gegenwärtig haben die Handelskammern von den im Handelsregister eingetragenen und zur Gewerbesteuer vom Handel veranlagten Firmen nur von dieser Steuer einen gewissen Bruchtheil als Beitrag zu erheben, wenn auch solche Firmen noch in einer anderen Klasse Gewerbesteuer entrichten. In Zukunft wird solche Unterscheidung nicht möglich sein. Es wird daher eine Entscheidung darüber getroffen werden müssen, ob der im Gesetz über die Handelskammern enthaltene Begriff „Gewerbesteuer vom Handel" künftig einfach gleichbedeutend sein soll mit dem Begriff der Gewerbesteuer, oder ob diejenigen zur Handelskammer beitragspflichtigen Firmen, welche außer einem der jetzigen Gewerbesteuer vom Handel unterliegenden Geschäfte noch eine Wirthschaft, ein Handwerk oder ein Fuhrunternehmen betreiben, künftig nur nach Maßgabe des ersteren zur Handelskammer beizutragen haben. Letzteres Verfahren würde zwar der Billigkeit mehr entsprechen, aber nur schwer durchführbar sein. Eine ähnliche Schwierigkeit liegt hinsichtlich derjenigen im Handelsregister eingetragenen Firmen vor, welche überhaupt nicht zur Gewerbesteuer vom Handel, sondern zu einer anderen Klasse der Gewerbesteuer gegenwärtig eingeschätzt sind."

Da das neue Gewerbesteuergesetz eine Bestimmung darüber, inwieweit die den Handelskammern bisher als Grundlage dienenden Gewerbesteuerklassen in der neuen Organisation ihren Ersatz zu finden haben, nicht enthält, wird mit dem Inkrafttreten des Gesetzes den Handelskammern für ihre Wahlen und Beitragserhebung thatsächlich eine der beiden ihnen gegebenen Unterlagen fehlen. Der Begriff des Kaufmanns wird sich nämlich nicht mehr aus den Steuerlisten und dem Firmenregister, sondern nur noch aus den Letzteren ableiten lassen, und doch heben die Motive ausdrücklich hervor, „daß für die nach dem Erlasse dieses Gesetzes errichteten

Handelskammern überall die Zugehörigkeit zu einer der Steuerklassen A I und A II als Vorbedingung des activen Wahlrechts aufgestellt sei". Es wird unseres Erachtens daher nichts anderes übrig bleiben, da es unausführbar ist, die Kaufmannseigenschaft etwa in jedem einzelnen Falle einwandsfrei festzustellen, als den Handelskammern eine andere summarische Unterlage auf dem Wege des Gesetzes oder des Erlasses zu schaffen. Ob hierbei das neue Gewerbesteuergesetz überhaupt als Grundlage genommen werden kann, und ob nicht das Gesetz vom 24. Februar 1870 eine Abänderung erfahren muß, ist schwer zu entscheiden, namentlich wenn man, wie es nöthig ist, hierbei auch den zweiten Absatz des § 3 sowie den § 23 des Gesetzes vom 24. Februar 1870 mit in Betracht zieht. Unseres Erachtens wird eine Abänderung des Gesetzes kaum zu umgehen sein.

„Kaufleute". Verpflichtet, der Handelskammer beizutreten und demgemäß wahlberechtigt ist jeder Kaufmann und jede Gesellschaft, deren Firma in das Handelsregister eingetragen steht. Die Grundbedingung für die Wahlberechtigung und die Beitragspflicht zur Handelskammer ist also der kaufmännische Betrieb, damit ist die Zahl der Wahlberechtigten von vorne herein begrenzt, und zwar scheinbar in einer zu der Fassung des § 1 im Gegensatz stehenden Form, da dort neben dem Handeltreibenden auch der Gewerbetreibende berücksichtigt ist. Kaufleute sind nach dem Handelsgesetzbuche (Art. 4) alle solche Personen, welche gewerbemäßig Handelsgeschäfte betreiben. Was als Handelsgeschäft angesehen wird, ist in den §§ 271 und 272 aufgezählt. Es sind:

a. Der Kauf oder die anderweitige Anschaffung von Waaren oder anderen beweglichen Sachen, von Staatspapieren, Aktien oder anderen für den Handelsverkehr bestimmten Werthpapieren, um dieselben weiter zu veräußern; es macht keinen Unterschied, ob die Waaren oder anderen beweglichen Sachen in Natur oder nach einer Bearbeitung oder Verarbeitung weiter veräußert werden sollen.
b. Die Uebernahme einer Lieferung von Gegenständen der unter Ziffer 1 bezeichneten Art, welche der Uebernehmer zu diesem Zwecke anschafft.
c. Die Uebernahme einer Versicherung gegen Prämie.
d. Die Uebernahme der Beförderung von Gütern oder Reisenden zur See und das Darleihen gegen Verbodmung.
e. Die Uebernahme der Bearbeitung oder Verarbeitung beweglicher Sachen für Andere, wenn der Gewerbebetrieb des Unternehmers über den Umfang des Handwerks hinausgeht.
f. Die Banquier- oder Geldwechslergeschäfte.
g. Die Geschäfte des Kommissionärs, des Spediteurs und des

Frachtführers, sowie die Geschäfte der für den Transport von Personen bestimmten Anstalten.

h. Die Vermittlung oder Abschließung von Handelsgeschäften für andere Personen.

i. Die Verlagsgeschäfte, sowie die sonstigen Geschäfte des Buch- und Kunsthandels; ferner die Geschäfte der Druckereien, sofern ihr Betrieb nicht nur ein handwerksmäßiger ist.

Die von 5—9 genannten Geschäfte sind nur dann Handelsgeschäfte, wenn sie gewerbemäßig betrieben werden.)

Nach diesen Bestimmungen ist u. A. durch obere Gerichtsentscheidung die Kaufmannseigenschaft zugesprochen worden:

a. Handwerkern, welche gewerbemäßig Waaren zum Zweck der Weiterveräußerung anschaffen, wie Färbern, Bäckern, Schneidern, Müllern, Fleischern, Brauern, Uhrmachern, ferner
b. Lotteriekollekteuren,
c. Gastwirthen, welche gewerbemäßig Waaren zur Weiterveräußerung anschaffen,
d. Inhabern von Annoncenbureaus,
e. demjenigen, der den Selbstverlag gewerbemäßig betreibt,
f. dem Theilnehmer einer offenen Handelsgesellschaft,
g. der eingetragenen Genossenschaft.

Dagegen ist die Kaufmannseigenschaft abgesprochen:

a. den Leihbibliothekaren,
b. den Inhabern einer gewöhnlichen Pfandleihanstalt,
c. den Theaterdirektoren,
d. demjenigen, der nur von ihm selbst gewonnene Produkte veräußert, z. B. den Inhabern von Ziegeleien, Steinbrüchen, wenn dieselben das Material von ihrem eigenen oder von gepachtetem Boden verarbeiten. Benutzen sie Material von fremdem Boden, so sind sie den Handelsgeschäften zuzuzählen. Das Gesagte gilt auch von der Müllerei und Bäckerei. Wer sein eigenes Korn vermahlt, oder sein eigenes Mehl verbäckt, ist nicht Kaufmann im Sinne des Gesetzes. Damit ist jeder landwirthschaftliche Nebenbetrieb, sofern er sich nur auf die eigene Produktion stützt, nicht als ein kaufmännischer anzusehen.

Nach mehreren übereinstimmenden Entscheidungen des früheren Reichsoberhandelsgerichtes sind auch die Ankäufe von Materialien Seitens eines Handwerkers zum Zwecke der Verwendung in seinem Geschäfte als Handelsgeschäfte, und der Handwerker in Bezug auf diese Ankäufe als Kaufmann anzusehen, gleichviel ob auch seine Weiterveräußerungen Handelsgeschäfte sind oder nicht. Da der Handwerker unbestreitbar dieses Ankaufsgeschäft gewerbsmäßig betreibt (das Reichsoberhandelsgericht findet ein wesentliches Kriterium des gewerbemäßigen Betriebes in dem von vorne herein nicht auf Abschluß einzelner den Handelsgeschäfte, sondern von ganzen Reihen zusammengehöriger Handelsgeschäfte gerichteten Willen, es hat mit dem „gewerbemäßig“ ein Betrieb als dauernde Einnahmequelle im Gegensatze zu einem bloß gelegentlichen Geschäftsabschluß bezeichnet werden sollen), so würde folgerichtig jeder Handwerker, welcher seine Materialien ankaufen muß, als Kaufmann anzusehen sein. Da eine solche Folgerung nicht zutreffend sein würde, müssen die Handelskammern für ihre Zwecke ein anderes Unterscheidungsmittel zum Kriterium nehmen, und dieses wird sich eher nach der Richtung des Absatzes hin finden. Als Handelsbetrieb wird derjenige Handwerksbetrieb anzusehen sein, dessen Umfang über den eigentlichen Handwerksbetrieb hinausgeht, d. h. bei dem

a. entweder neben den selbstgefertigten Waaren auch solche verkauft werden, die anderweitig bezogen sind, oder
b. die Selbstanfertigung einen solchen Umfang angenommen hat, daß der Verkauf sich über den lokalen Absatz hinaus erstreckt oder aber um seines großen Umfanges willen sich dem Fabrikbetriebe annähert.

Diese Grenze in dem einzelnen Falle zu ziehen ist schwer, da das Gesetz keine Handhabe bietet. Nach dem bestehenden Rechte müssen die Handelskammern die Entscheidung ganz der sich häufig widersprechenden richterlichen Instanz überlassen, so sehr sie auch an einer gleichmäßigen und richtigen Auslegung der gesetzlichen Bestimmung für ihre ganze Amtsführung interessirt sind.

2. „Gesellschaften“. Der Ausdruck „Handelsgesellschaften“ ist vermieden worden, um auch die Erwerbsgesellschaften, wenn sie nicht Handelsgesellschaften sind, einzubeziehen. Es sind darunter somit auch die Genossenschaften zu verstehen.

Die Genossenschaften sind hier nicht besonders namhaft gemacht worden, weil der allgemeine Ausdruck Gesellschaften auch die Genossenschaften umschließt, und das Genossenschaftsregister überall in Preußen einen Theil des Handelsregisters bildet.

Nach den Erklärungen des Regierungs-Kommissars bezw. der I. Kommission des Abgeordnetenhauses unterliegt es keinem Zweifel, daß auch Genossenschaften, welche nicht zur Gewerbesteuer herangezogen sind, wahlberechtigt und beitragspflichtig zur Handelskammer sind. Der Kommissions-Bericht IIa führt hierzu folgendes aus:

„Es entging der Kommission nicht, daß die Genossenschaften als solche ihrer Natur nach nicht sämmtliche den Handel- und Gewerbetreibenden im engeren, namentlich nicht im gewerbesteuerlichen Sinne beizuzählen sind, da die Vorschuß-, Rohstoff-, Konsum- 2c. Vereine zunächst nicht auf Erwerb und Gewinn nach Außen, sondern auf innere Kräftigung der wirthschaftlichen und gewerblichen Thätigkeit ihrer Mitglieder gerichtet sind, und es entsprang hieraus die Frage, ob man nicht lediglich diejenigen Genossenschaften bei den Handelskammern betheiligen solle, welche in den eigentlichen Handels-

Gewerbebetrieb eintreten und deshalb Gewerbesteuer entrichten. Indessen die Kommission und der Herr Vertreter der Staatsregierung begegneten sich in der Auffassung, daß die Genossenschaften, wenn nicht alle, so doch in ihrer ganz überwiegenden Mehrzahl einen solchen Einfluß auf die Gesammt-Interessen des Handels und der verwandten Gewerbe, sei's schon ausübten, sei's mehr ausüben würden, daß die allgemeine Einräumung eines Vertretungsrechtes bei den Handelskammern ebenso den Genossenschaften selbst eine dankenswerthe Anerkennung ihrer Wichtigkeit, wie dem öffentlichen Wesen von Nutzen sein werde. Auch die Bundesgesetzgebung bestimmt wie oben erwähnt, ohne je nach dem mehr oder minder kommerziellen Charakter der einzelnen Genossenschaft zu unterscheiden, daß dieselben sämmtlich als Kaufleute gelten.

Die Kommission nahm diese Erklärung des Herrn Regierungs-Kommissars mit Genugthuung entgegen, weil sie Gewicht darauf legt, daß die Hineinziehung der Genossenschaften die Sphäre und den Beruf der Handelskammern in einer für die praktische Wirksamkeit derselben schätzbaren Art erweitern, und ihre Aufgabe auf eine verheißungsvolle Entwickelungsstufe unseres wirthschaftlichen und namentlich auch des gewerblichen Lebens mit erstrecken werde. Durch die Genossenschaften würden sich dann auch die Kleingewerbe in gewissem Maaße mit den Handelskammern verknüpfen und auf einfach praktischem Wege die Möglichkeit finden, auch ihr besonderes Interesse in denselben zur Berücksichtigung zu bringen. — Uebrigens konnte den regierungsseitlichen Darlegungen nur dahin beigepflichtet werden, daß die hier gewählten Bezeichnungen („Gesellschaften" und „Handelsregister") auch für die Genossenschaften deckend seien."

Ob Stadt, Kreis, Provinz und Staat unter die Bestimmung des § 3 fallen, ist ohne Weiteres nicht zu entscheiden. Als Kaufleute und als Gesellschaften können sie strenge genommen nicht gelten; die Kaufmannseigenschaft ist dem Fiskus zugesprochen nur in Bezug auf den Betrieb einer Staatseisenbahn, der Reichspost in Bezug auf den Debit von Zeitungen und Zeitschriften (Erl. v. 15. Juni 1877 Entsch. XXIII. S. 9) und den Posttransport von Gütern und Geldbriefen, in welcher Eigenschaft der Fiskus auch den Bestimmungen des Handelsgesetzbuches und der Jurisdiktion der Handelsgerichte unterworfen ist. (Beschl. v. 14. Dez. 1871. Erl. v. 30. Jan., 20. Juni, 2. Dez. 1874. Entsch. III. S. 405, XII. S. 311, XIV. S. 118, XVII. S. 127.) Es würde auf sie auch dasselbe Anwendung finden, was zu Gunsten der Exemtion der fiskalischen Bergwerke angeführt wird: die direkte Vertretung ihrer Interessen. Andererseits würde bezüglich ihrer Beitragspflicht eine Unbilligkeit darin liegen, wenn sie als eximirt anzusehen wären.

3. „**Inhaber einer Firma**". Die Eigenschaft als Kaufmann reicht noch nicht aus für das Wahlrecht zur Handelskammer. Das Gesetz nimmt an, daß jeder Voll-Kaufmann seine Firma bei dem Gerichte im Bezirke seiner Handelsniederlassung behufs der Eintragung in das Firmenregister anzumelden hat und hierzu durch Ordnungsstrafen angehalten werden kann. Es glaubt daher, daß das Handels-Register das bequemste und einfachste Kriterium für das aktive Wahlrecht zu den Handelskammern bildet. Wenn dies auch bez. des Wahlrechts zugegeben werden kann, da die Handelskammer kein Interesse daran hat, Jemandem, der sich seines Wahlrechtes begiebt, dasselbe aufzudrängen, so ist es doch nicht ebenso mit der Beitragspflicht. Die Zahl derjenigen Kaufleute, welche es verabsäumen, ihre Firma einzutragen, ist sehr groß und hat sich in einzelnen Wahlbezirken schon höher als zu 50% gestaltet. Der Ausfall, den die Handelskammern an ihren Einnahmen erleiden, wenn das Handelsregister nicht berichtigt ist, bezw. durch welchen sie die übrigen Beitragspflichtigen höher belasten müßen, ist somit sehr bedeutend. Einzelne Handelskammern haben sich damit helfen zu können geglaubt, daß sie jeden Gewerbetreibenden, welcher in A I oder A II steuert, zu ihren Kosten herangezogen, bei einem Protest aber untersucht haben, ob der betreffende Betrieb verpflichtet ist, seine Firma eintragen zu lassen oder nicht. Im zutreffenden Falle haben sie die Reklamation mit der Begründung zurückgewiesen, daß der Reklamant verpflichtet gewesen sei, seine Firma eintragen zu lassen, und daß sie eine dementsprechende Aufforderung an das zuständige Gericht haben ergehen lassen, im anderen Falle haben sie den bereits erhobenen Betrag einfach zurückgezahlt. Dieser Ausweg verstößt gegen das formelle Recht. Kein Gewerbetreibender kann zu den Handelskammerkosten herangezogen werden, der nicht Kaufmann im Sinne des Handelsgesetzbuches ist, und dessen Firma nicht in das Handelsregister eingetragen ist. Andererseits ist es unbillig, daß gleichsam eine Prämie für die Unterlassung einer Verpflichtung gezahlt wird, die auch aus anderen handelspolizeilichen Rücksichten ein unerläßliches Erforderniß ist. Ob die Handelskammern berechtigt sind, von Gewerbetreibenden, welche verabsäumt haben, ihre Firma eintragen zu lassen, nachträglich noch die für die Zeit dieser Unterlassung entfallenden Beiträge zu erheben, dürfte zu verneinen sein, wogegen es zweifelhaft ist, ob ein Kaufmann, dessen Firma erst im Laufe des Etatsjahres eingetragen wird, noch für das ganze Jahr zu den Handelskammerkosten herangezogen werden kann. Es liegt hier eine Lücke im Gesetze vor, welche die Handelskammern selbstständig nicht auszufüllen vermögen. Wenn beispielsweise eine Firma mitten im Beitragsjahre aufgelöst wird, entsteht die Frage, ob dieselbe nur pro rata oder für das ganze Jahr heranzuziehen ist. Die jetzige

Praxis ist eine schwankende. Eine weitere Frage ist es, ob in dem Falle, daß die Beiträge auf dem Wege der Execution beigetrieben werden müssen, die der Corporation dafür zur Last fallenden Kosten von den Executirten nachträglich zurückverlangt werden können. Ferner harrt der Fall, in dem eine Firma in zwei Handelskammerbezirken in das Register eingetragen steht aber nur in einem — und zwar für das ganze Geschäft — zur Gewerbesteuer veranlagt ist, insofern noch der Entscheidung, als ein Competenzconflict zwischen den betheiligten Handelskammern entstehen könnte.

Das Gesetz macht die Eintragung in das Firmenregister zur Bedingung, weil die Handelsleute geringen Gewerbebetriebes, wie Höker, Trödler, Hausirer und Personen, deren Gewerbe nicht über den Umfang des Handwerksbetriebes hinausgeht, ausgeschlossen sein sollten. Da diese Kategorien nach Art. 10 des Handelsgesetzbuches nicht verpflichtet sind, eine Firma anzumelden, bot sich, wenn das Firmen-Register zugleich als Kriterium gesetzt wurde, ein festes Unterscheidungsmerkmal für die Aufstellung der Wähler- und Beitragslisten im Sinne des Gesetzes. Das Handels-Gesetzbuch giebt in Art. 10 hierzu nachstehende Vorschrift:

„Die Bestimmungen, welche dieses Gesetzbuch über die Firmen, die Handelsbücher und die Prokura enthält, findet auf Höker, Trödler, Hausirer und dergleichen Handelsleute von geringem Gewerbebetriebe, ferner auf Wirthe, gewöhnliche Fuhrleute, gewöhnliche Schiffer, und Personen, deren Gewerbe nicht über den Umfang des Handwerksbetriebes hinausgeht, keine Anwendung. Den Landesgesetzen bleibt vorbehalten, im Falle es erforderlich erscheint, diese Klasse genauer festzustellen.

Vereinigungen zum Betriebe eines Handelsgewerbes, auf welches die bezeichneten Bestimmungen keine Anwendung finden, gelten nicht als Handelsgesellschaften.

Den Landesgesetzen bleibt vorbehalten, zu verordnen, daß die bezeichneten Bestimmungen auch noch für andere Klassen von Kaufleuten ihres Staatsgebiets keine Anwendung finden sollen. Ebenso können sie aber auch verordnen, daß diese Bestimmungen auf einzelne der genannten Klassen, oder daß sie auf alle Kaufleute ihres Staatsgebiets Anwendung finden sollen." Als „dergleichen Handelsleute" sind nach dem Kommentar zum Handels-Gesetzbuch von Litthauer solche zu verstehen, deren Betrieb zwar nicht alle Merkmale eines Höker-, Trödler- oder Hausirgewerbes an sich trägt, jedoch mit dem einen oder anderen dieser Geschäfte Aehnlichkeit bietet. Der geringe (nicht „sehr geringe") Gewerbebetrieb ist nur bei den anderen Handelsleuten entscheidend; eigentliche Höker, Trödler und Hausirer gelten ohne Rücksicht auf den Umfang ihres Gewerbebetriebes als Minderkaufleute. Die Eintragung in das Firmenregister ist für die Eigenschaft als Vollkaufmann bez. Minderkaufmann ohne Bedeutung. Entsch. v. 30. April u. 28. März 1881. R.-G.-Entsch. im Strafs. IV S. 120 u. 281.

Ein Wirth, der als solcher zur Buchführung nicht verpflichtet ist, hat diese Verpflichtung, wenn er nebenbei, sei es auch in geringem Umfange, in einer dem Höker-, Trödel- oder Hausirgewerbe nicht ähnlichen Weise mit Wein oder Cigarren Handel treibt. Entsch. v. 28. März 1881. R.-G.-Entsch. im Strafs. IV S. 282.

Ein Uhrmacher, der gewerbsmäßig Uhren zur Weiterveräußerung ankauft, ist ohne Rücksicht auf den Umfang seines Umsatzes als Vollkaufmann anzusehen, selbst wenn er die Uhren vor dem Weiterverkauf abzieht, regulirt oder ausbessert. Entsch. v. 8. Febr. 1883. R.-G.-Entsch. in Strafs. VIII S. 146.

4. „Handelsregister.“ Das Gesetz hat offenbar in allen seinen Bestimmungen zunächst solche Handelskammern im Auge, deren Bezirk sich auf einen einzigen Stadtbezirk erstreckt. Es spricht daher nur von „dem für den Bezirk der Handelskammer geführten Handelsregister“. Der Kommisionsbericht I und IIa ergänzt diese Bestimmung dahin, daß darunter jedes Handelsregister zu verstehen sei, das für den ganzen Bezirk oder nur für einen Theil desselben geführt werde.

Der Wohnsitz kommt bei der Begrenzung des activen Wahlrechts nicht in Betracht. Auch die außerhalb wohnenden Eigenthümer der im Bezirke einer Handelskammer bestehenden Handelsniederlassung sind verpflichtet, bei dem Gerichte des Ortes, an welchem sich ihre Handelsniederlassung befindet, ihre Firma anzumelden und somit als Inhaber derselben wahlberechtigt.

5. Unter Betheiligten sind hier wohl die von der Beitragspflicht zu befreienden Gewerbetreibenden, sowie besonders auch die Handelskammer selbst zu verstehen.

6. Die Bestimmung ist ausschließlich in die Hände des Handelsministers gelegt. Der erste Regierungs-Entwurf hatte die landesherrliche Genehmigung vorgeschrieben. Nachdem aber eine solche sogar für den Fall der Errichtung einer Handelskammer — entsprechend dem Kommissionsantrage — fallen gelassen war, erschien auch hier die ministerielle Entscheidung als ausreichend.

7. Mit Rücksicht auf die Verschiedenheit, welche in der Bemessung der Tragweite des Art. 10 des Handelsgesetzbuches in den einzelnen Landestheilen obwaltete, hat das Gesetz die Bestimmung aufgenommen, daß für einzelne Handelskammern das Wahlrecht außerdem durch die Veranlagung in einer bestimmten Klasse oder zu einem bestimmten Satze der Gewerbesteuer vom Handel bedingt sein soll, damit der Kreis der Wahlberechtigten nicht zu weit ausgedehnt wird.

8. Als Klassen können hier nur die der Gewerbesteuer gemeint sein. Die Auffassung, als könnten auf Grund des § 3 einzelne Erwerbs-

klassen, beispielsweise die des Kleinhandels, die jetzt noch zu den Handelskammerkosten beisteuert, durch ministeriellen Erlaß von dieser Verpflichtung entbunden werden, ist eine irrige.

9. Von dieser Beschränkung hat z. B. die Handelskammer für den Regierungsbezirk Oppeln Gebrauch gemacht, indem sie als Mindestsatz einen Steuerbetrag über 30 Mk, die Handelskammer Frankfurt a. M., indem sie einen solchen von 72 Mk. angenommen hat. Bereits 1865 war für die Handelskammer zu Gleiwitz durch Königliche Verordnung die Wahlberechtigung an einen Gewerbesteuersatz von mindestens 10 Thaler gebunden. Die Bestimmung des § 3 Abs. 2 ist an einigen Stellen irrthümlich dahin aufgefaßt worden, als ob neben den im Handelsregister eingetragenen Kaufleuten außerdem noch solche, welche eine bestimmte Gewerbesteuer zahlen, wahlberechtigt gemacht werden könnten. Dieser Irrthum corrigirt sich nach Obigem von selbst.

Für die Bemessung des Wahlcensus ist kein bestimmter Maßstab gegeben. Der Kommissions-Bericht IIb bezeichnet als eigentlichen Zweck den, daß die Kaufleute von geringerem Gewerbetriebe (Detailgeschäfte), die so wenig nach der Ehre geizen, an der Vertretung ihres Gewerbes in den Handelskammern Theil zu nehmen, daß sie vielmehr selbst einen Census wünschen, von der Tragung der Kosten für ein Institut befreit werden, von welchem sie sich keinen unmittelbaren Nutzen versprechen.

Ueber die Form, in welcher die Zustimmung der Betheiligten einzuholen ist, ist ein bestimmter Vorgang nicht gegeben, da die Festsetzung eines Mindeststeuersatzes gewöhnlich gleich bei Errichtung einer Handelskammer erfolgt. Und doch kann sich eine Handelskammer auch während ihres Bestehens genöthigt sehen, einen Census einzuführen, nämlich dann, wenn der Kleinhandel die ihm zur Verfügung stehenden überwiegenden Wahlstimmen dazu benutzt, den Großhandel und die Fabrikation, deren Interessen die Handelskammern doch in erster Linie zu vertreten berufen sind, aus der Handelskammer zu verdrängen. In solchem Falle wird die Einführung eines Census von dem Handelsminister selbst angeregt werden können, da er unter allen Umständen Werth darauf legen muß, daß die Handelskammern nicht zu einseitigen Vertretungen einer bestimmten Kategorie von Wählern herabgedrückt werden.

§ 4.

Zur Theilnahme an der Wahl der Mitglieder sind ferner berechtigt die im Bezirke der Handelskammer den

Bergbau treibenden[1]) Alleineigenthümer oder Pächter eines Bergwerkes,[2]) Gewerkschaften und in anderer Form organisirten Gesellschaften[3]) — einschließlich derjenigen, welche innerhalb der in den §§ 210. 211 des Allgemeinen Berggesetzes vom 24. Juni 1865 (Gesetz-Samml. S. 401) und im Artikel XII. der Verordnung vom 8. Mai 1867 (Gesetz-Samml. S. 603) bezeichneten Landestheile Eisenerz-, beziehungsweise Stein- oder Braunkohlenbergbau betreiben[4]) —, insoweit die Jahresproduktion[5]) einen von dem Handelsminister nach den örtlichen Verhältnissen für die einzelnen Handelskammern zu bestimmenden Werth oder Umfang[6]) erreicht.

Die fiskalischen Bergwerke sind von der Theilnahme an der Wahl ausgeschlossen.[7])

1. Der Wohnsitz ist auch bei den Bergbautreibenden unberücksichtigt geblieben. Es kann somit der Besitzer eines Bergwerks außerhalb des Bezirkes seinen ständigen ordentlichen Wohnsitz haben und doch wahlberechtigt sein.

2. Die alleinigen Eigenthümer, Pächter und Gesellschaften müssen im Bezirke der Handelskammer thatsächlich Bergbau treiben. Da zugleich ein bestimmtes Mindestmaß der jährlichen Förderung zur Bedingung gemacht ist, würde der Bergwerksbesitzer als solcher, sofern er seinen Besitz vorübergehend ruhen läßt, nicht wahlberechtigt sein.

3. Vor 1870 waren nur die eine Gewerbesteuer entrichtenden Kaufleute wahlberechtigt gewesen. Nur ausnahmsweise und durch besondere Königliche Verordnung war in einzelnen Bezirken den Bergwerksgesellschaften das Wahlrecht zugetheilt worden.

Bereits 1866 hatte die Handelskammer Dortmund petitionirt, bei dem Abgeordnetenhause „den nach dem neuen Berggesetze konstituirten Gewerkschaften und den Aktiengesellschaften das aktive und passive Wahlrecht für ihre Repräsentanten, bezw. für ihre Generaldirektoren zu den Handelskammern zu verleihen und die gesetzliche Bestimmung in dieser Beziehung zeitgemäß zu reformiren. Dieser Antrag wurde von dem Abgeordnetenhause der Staatsregierung zur Berücksichtigung bei einer legislatorischen Reform der Bestimmung über die Wahlberechtigung für die Handelskammer überwiesen.

Da die Bergbautreibenden keine Kaufleute sind, wie zu § 1 ausgeführt, das Gesetz immer nur diese im Auge hatte, mußte eine besondere Bestimmung durch den § 4 zu Gunsten derselben aufgenommen werden.

Unter Bergwerken sind die unterirdisch betriebenen Steinbrüche (z. B. in den linksrheinischen Landestheilen) nicht zu verstehen. Dieselben sind auch nicht besonders aufgeführt worden, weil sonst über die Grenzen desjenigen Betriebes hinausgegangen werde, welcher technisch und gesetzlich unter Bergbau begriffen sei, dann weil dies zu einer bedenklichen Specialisirung führen würde und schließlich, weil im Allgemeinen anzunehmen sei, daß der Betrieb bedeutender Brüche jener Art sich in den Händen firmirter Personen oder Gesellschaften befinde, also ohnehin schon auf Vertretung bei der Wahl zur Handelskammer rechnen dürfe. Commissions-Bericht IIa.

4. Neben dem verliehenen Bergbau hat auch das accessorisch mit dem Grundeigenthum verbundene Recht zur Kohlen- und Eisenerzgewinnung Berücksichtigung gefunden.

5. Das geforderte Mindestmaß der Produktion ist nach dem Vorjahre, nicht etwa nach dem Durchschnitte der Vorjahre bemessen. Es ist dies ausdrücklich von den Regierungs-Kommissarien als Grundsatz aufgestellt worden. Die Unterlagen sollen von den Oberbergämtern beschafft werden.

6. Das Mindestmaß kann sowohl nach Werth als nach Quantum bemessen werden. Im Allgemeinen ist, namentlich bei dem Kohlenbergbau, das Minimalquantum als der bequemere Maßstab bezeichnet worden. So ist auch von der Handelskammer Sorau ein Mindestgewicht von 10 000 Centner festgesetzt. Thatsächlich aber wird der Minimalwerth als Unterlage genommen, so für die Handelskammer für den Regierungsbezirk Oppeln der Mindestförderungswerth von 40 000 Mk., für die Handelskammer in Münster i. W. den von 4500 Mk., in Trier den von 6000 Mk.

7. Die fiskalischen Bergwerke sind aus dem Grunde freigelassen worden, weil die „Verwaltungsbehörden derselben unmittelbar in ihren Berichten ihre Interessen in Bezug auf Handel und Verkehr vertreten könnten". Die fiskalischen Hütten sind hierunter nicht zu verstehen. Sie scheinen übersehen worden zu sein. Nach dem Wortlaute des Gesetzes wären sie wahlberechtigt und beitragspflichtig, die Analogie des § 4 würde dagegen zu ihren Gunsten sprechen, da für sie dieselben Gründe der Exemtion zutreffen, wie für die fiskalischen Bergwerke auch. Es spricht ferner für die Exemtion, daß der Fiskus weder Kaufmann noch Gesellschaft im Sinne des Handelsgesetzbuches ist. (Vergl. § 3 Anm. 2.)

§ 5.

Die Wahlstimme[1]) einer Aktiengesellschaft oder einer Genossenschaft darf nur durch ein im Handelsregister eingetragenes Vorstandsmitglied,[2]) die jeder anderen im § 3 bezeichneten Gesellschaft nur durch einen ebendaselbst eingetragenen persönlich haftenden Gesellschafter, die einer Gewerkschaft oder anderen im § 4 bezeichneten Gesellschaft nur durch den Repräsentanten oder ein Vorstandsmitglied, die einer Person weiblichen Geschlechts oder einer unter Vormundschaft oder Kuratel stehenden Person nur durch den im Handelsregister eingetragenen Prokuristen[3]) abgegeben werden.

1. Das Gesetz verläßt bei den Gesellschaften und Genossenschaften das Princip des § 3 und läßt an Stelle der Person den Betrieb treten, indem es bestimmt, daß nur die Gesellschaft oder Genossenschaft als solche, nicht aber ihre einzelnen Gesellschafter oder Vorstandsmitglieder eine Wahlstimme haben. Wenn somit eine Firma von zwei Inhabern geführt wird, sind nicht beide in das Handelsregister eingetragene Kaufleute, sondern nur einer von ihnen wahlberechtigt. Auch macht es nicht zur Bedingung, daß die mit der Stimmabgabe betraute Person ihren Wohnsitz im Bezirke der Handelskammer habe, wenn dies auch der Regel nach der Fall sein wird. Die Vertretung bei Kommanditgesellschaften kann nach § 5 nicht durch Kommanditisten erfolgen.

2. Der Ausschluß des Procuristen von der Abgabe der Wahlstimme seiner Firma hat bei Actiengesellschaften in der Praxis vielfach dazu geführt, daß von der Abgabe der Wahlstimme Abstand genommen worden ist, da die Directoren selbst nicht immer in der Lage sind, einige Stunden für den weitläufigen und zeitraubenden Wahlact, möglicherweise noch dazu an fremdem Orte, zu verwenden. Es ist deshalb bei einzelnen Handelskammern die im Gesetz gegebene Beschränkung einfach außer Acht gelassen, ein Verfahren, bei dem die Kammer allerdings Gefahr läuft, daß ihr Wahlact angefochten wird, wenn unsere Auffassung die richtige ist, daß nicht einmal der vom Aufsichtsrath zur Vertretung des Vorstandes bestellte Procurist die Actiengesellschaft bei der Handelskammerwahl vertreten kann.

3. Weibliche Geschäftsinhaber, welche keinen Procuristen angestellt haben, sind demnach nicht in der Lage, ein Wahlrecht ausüben zu können. Eine Legitimation für die rechtsgültige Vertretung einer Gesellschaft, Genossenschaft, einer weiblichen oder einer unter Vormundschaft oder Kuratel stehenden Person ist nicht vorgesehen und auch nicht üblich. Es ist als ausreichende Gewähr die Eintragung der betreffenden Person in das Handelsregister angenommen, indem man schloß, daß die allgemein zur Vertretung zugelassenen Personen auch in dem besonderen Wahlact nur im Einverständnisse und in Vollmacht ihrer Auftraggeber handeln werden.

§ 6.

Wer nach vorstehenden Bestimmungen (§§ 3 bis 5) in demselben Handelskammer-Bezirke mehrfach stimmberechtigt ist, darf gleichwohl nur Eine Wahlstimme abgeben[1]) und hat sich, wenn er gleichzeitig in mehreren Wahlkreisen des Handelskammer-Bezirks (§ 10) stimmberechtigt ist, vor Ablauf der zu Einwendungen gegen die Wählerliste bestimmten Frist[2]) (§ 11) zu erklären,[3]) in welchem Wahlkreise er seine Stimme ausüben will.[4])

1. Wie der größere Umfang des einzelnen Geschäftes das Stimmrecht des Inhabers dieses Geschäftes nicht erweitert, ebensowenig wird es nach den Motiven für wünschenswerth gehalten, daß sich mit der Zahl der Geschäfte des Einzelnen die Zahl der Stimmen desselben vervielfältigt.
2. Das ist bis zum Ablauf des zehnten Tages nach beendigter Auslegung der Wählerlisten.
3. Die Erklärung ist an die Handelskammer zu richten, nicht etwa an den die Wahl leitenden Wahlkommissar des betreffenden Wahlbezirkes, da sonst keine Gewähr gegeben ist, daß derselbe bezw. sein Vertreter doch noch in einem zweiten Wahlbezirke in der Liste fortgeführt wird. Die Handelskammer wird, wenn sie eine entsprechende Erklärung erhält, ihrerseits unverzüglich zu veranlassen haben, daß in denjenigen Wahlbezirken, in denen der Stimmberechtigte außerdem noch in den Wahllisten geführt wird, seine Stimme gestrichen wird.
4. Es blieb der § 6 in der Kommission nicht ohne Anfechtung, weil das Wahlrecht doch ein Attribut jeder einzelnen Firma, jeder einzelnen Bergbauunternehmung bilde und diese gewissermaßen reale

Eigenschaft konsequenterweise nicht unter dem Zusammentreffen mehrerer Wahlberechtigungen in derselben Person leiden dürfe. Es könnte sonst die Folge eintreten, daß erhebliche, geschäftliche und lokal getrennte Interessen nicht zu dem ihnen gebührenden Einfluß auf die Bildung der Handelskammern gelangten.

Die Kommission entschied sich aber ausschließlich für den § 6, weil sonst zu leicht eine oder wenige Personen sich in der Lage sehen könnten, die Zusammensetzung der Handelskammern für die Sonderinteressen zu mißbrauchen. Erscheinungen letzterer Art seien, wie durch Beispiele belegt wurde, schon gegenwärtig vorgekommen, obwohl eine solche Stimmenkumulation noch nicht gegolten habe; um so mehr seien sie unter der Herrschaft eines entgegengesetzten Prinzips zu besorgen. Die Zahl derer, welche bei Handelskammerwahlen erscheinen, sei oft so gering, daß die Vereinigung mehrerer Stimmen in einer Person um so leichter in ein Wahlmonopol ausschlagen könne.

Uebrigens bestätigte der Herr Regierungskommissar bei dieser Gelegenheit ausdrücklich die Richtigkeit der Ansicht, daß eine Societät, welche unter ihren Gesellschaftern zugleich persönliche Wahlberechtigte zähle, durch ein an sich nicht wahlberechtigtes Mitglied vertreten werden, und daß alsdann die persönlich wahlberechtigten Socii ihr eigenes persönliches Recht Jeder für sich ausüben könnten.

§ 7.

Zum Mitgliede einer Handelskammer kann nur gewählt werden, wer

1) das fünfundzwanzigste Lebensjahr zurückgelegt hat,[1])
2) in dem Bezirk der Handelskammer seinen ordentlichen Wohnsitz hat,[2])
3) a. in dem für den Bezirk der Handelskammer geführten Handelsregister entweder als Inhaber einer Firma oder als persönlich haftender, zur Vertretung einer Handelsgesellschaft befugter Gesellschafter, oder als Mitglied des Vorstandes[3]) einer Aktiengesellschaft oder Genossenschaft eingetragen steht,

   b. oder bei einer der im § 4 bezeichneten Bergbau-Unternehmungen im Bezirke der Handelskammer als

Alleineigenthümer,[4]) Repräsentant[5]) oder Vorstands-mitglied betheiligt ist.[6])

1. Der erste Regierungs-Entwurf hatte hierfür das 30. Lebensjahr gesetzt. Die Kommission hatte die Herabsetzung auf das 25. Jahr beantragt, damit nicht sonst geeignete Persönlichkeiten ausgeschlossen würden.
2. Das Erforderniß des Wohnsitzes im Bezirke der Handelskammer ist gestellt worden, weil befürchtet worden ist, „es könnte sonst bei den außerhalb Wohnenden, die nur ihre Handelsniederlassung in dem Bezirke der Handelskammer errichtet haben, eine regelmäßige Theilnahme an den Sitzungen nicht gesichert sein. Insbesondere würde in schleunigen Fällen ihre Zuziehung, wenn überhaupt möglich, so doch mit Schwierigkeiten und Aufenthalt verknüpft sein." (Mot.) Eine bestimmte Mindestdauer des Wohnsitzes, wie dieselbe in den Gesetzen anderer Staaten vorgesehen ist, wird nicht gefordert, weil es, um mit den gewerblichen Verhältnissen eines Bezirkes sich vertraut zu machen, nicht gerade des Zeitraumes von mehreren Jahren bedürfe.

   Nicht Bedingung für die Wählbarkeit ist die Entrichtung eines bestimmten Steuersatzes, wie derselbe für das Wahlrecht in § 3 Abs. 2 vorgesehen ist „Es soll die Geringfügigkeit des Geschäftsbetriebes kein Hinderniß sein, wenn das Vertrauen der Wähler sich einem solchen Vertreter zuwendet." (Mot.)
3. Unter Vorstand der Actiengesellschaft sind diejenigen Personen verstanden, welche gemäß den Statuten die Gesellschaft nach außen hin vollständig zu repräsentiren und durch jede Art von Verträgen zu berechtigen wie zu verpflichten berufen und befugt sind. Der Procurist ist dem Vorstande, auch wenn er denselben zu vertreten berechtigt ist, nicht zuzurechnen. In der Praxis wird vereinzelt entgegengesetzt verfahren. Es muß dies als ungesetzlich bezeichnet werden. — Der Vorstand einer Genossenschaft besteht aus mindestens zwei von der Generalversammlung gewählten Mitgliedern, welche in das Genossenschaftsregister eingetragen sind. Zu ihrer Legitimation genügt eine bez. Bescheinigung des Gerichts. (Erwerbs- und Wirthsch.-Gen.-Ges. vom 1. Mai 1889, § 24 ff.)
4. Der Miteigenthümer eines Bergwerkes, d. i. der bloße Kuxenbesitzer, ist nicht wählbar. (C. B. II a.)
5. Repräsentanten größerer industrieller Unternehmungen sind nicht wählbar, wenn sie nicht zugleich Bergwerksunternehmungen vertreten. Diese Bestimmung findet auch dann Anwendung, wenn z. B. der Vollmachtgebende seinen Wohnsitz außerhalb des Handelskammerbezirkes hat.
6. Wenn die Wahl nach Wahlbezirken stattfindet, so ist das passive Wahlrecht nicht auf Angehörige jedes Wahlbezirks beschränkt, son-

dern kann sich auf Wahlberechtigte des ganzen Handelskammerbezirks richten (Motive).

Personen, welche ihr Geschäft aufgegeben haben, sind auch in dem Falle nicht mehr wählbar, wenn sie ihre frühere Firma noch nicht gelöscht haben. „Der ersprießlichen Mitwirkung dessen, der sich von dem Geschäft bereits zurückgezogen hat, steht schon der Umstand entgegen, daß bei der stets fortschreitenden Entwicklung aller dem Handel und die Gewerbe betreffenden Verhältnisse ein zutreffendes, sachverständiges Urtheil über die einschlagenden Fragen nur unter der Voraussetzung einer ununterbrochenen Betheiligung an und im Verkehre nicht möglich ist (Mot.)

In diesem Punkte weicht also die Preußische Gesetzgebung grundsätzlich von der französischen ab.

Wenn auch nicht ausdrücklich genannt, so sind doch die weiblichen Personen und die Verfügungsunfähigen entsprechend der Schlußbestimmung in § 5 als ausgeschlossen anzusehen; der wahlberechtigte Procurist ist nicht wählbar. Als eigentliches Bedenken war gegen die Wählbarkeit des Procuristen angeführt, daß derselbe in der Mehrzahl der Fälle nicht diejenige selbständige Persönlichkeit oder sociale Stellung besitze und geltend zu machen wisse, namentlich im Verkehr mit anderen Principalen und dem eigenen Chef, welcher für seine vollständig unabhängige Stellung in der Handelskammer wünschenswerth sei.

Es ist ferner nicht „unbescholtener Ruf" zur Bedingung gemacht, weil es zu schwierig war, hierfür eine bestimmte Begrenzung vorzunehmen. Es ist vielmehr in den Handelsstand das Vertrauen gesetzt worden, daß derselbe seine Wahl nur auf solche Persönlichkeiten lenken wird, die sich im Besitze eines in jeder Beziehung unbescholtenen Rufes und der allgemeinen Achtung befinden. Das deutsche Strafgesetzbuch schließt überdies in den §§ 33—37 an sich schon eine Reihe bescholtener Personen von dem Ehrenamt, als welches die Mitgliedschaft zur Handelskammer anzusehen ist, aus.

Ausgeschlossen sind die bei Aktiengesellschaften fungirenden Aufsichtsraths-Mitglieder, da dieselben in Abs. 3a nicht namentlich aufgeführt sind. In der Berathung des Abgeordnetenhauses war es von mehreren Seiten als wünschenswerth bezeichnet, wenn das passive Wahlrecht überhaupt nicht beschränkt würde. Demgegenüber hob der damalige Handelsminister die Nothwendigkeit hervor, daß es nur Fachgenossen seien, die ihm ihre Wünsche, Beschwerden oder Urtheile vortrügen, solche, die an ihrem eigenen Vermögen erfahren hätten, was ihnen nütze oder schade. Dieser Auffassung schloß sich auch die Mehrheit des Landtages an.

§ 8.

Mehrere Gesellschafter oder Vorstandsmitglieder einer und derselben Gesellschaft dürfen nicht gleichzeitig Mitglieder derselben Handelskammer sein.[1])

1. In einzelnen Handelskammerbezirken, in denen eine reiche Industrie auf engem Raume zusammengedrängt ist, haben sich insofern Schwierigkeiten aus der Fassung des § 8 ergeben, als daselbst gerade die tüchtigsten Persönlichkeiten auch zu einem großen Theile in verschiedenen Vorständen von Actiengesellschaften, oder bei verschiedenen Firmen betheiligt sind. Diese Handelskammern würden also, wenn sie sich strenge an den Wortlaut hielten, auf die Wahl manches hervorragenden Mitgliedes verzichten müssen. Sie haben daher supponirt, daß das Gesetz mit seiner Absicht nur hat ausschließen wollen, daß eine Gesellschaft durch zwei Vorstandsmitglieder vertreten sei; daß dagegen solche Fälle, in denen ein Handelskammermitglied neben seinem eigentlichen Geschäft noch mit einem anderen Handelskammermitgliede in ein und demselben Vorstande sitze, nicht unter die Bestimmung des § 8 falle, eine Auffassung, die mit dem Wortlaut desselben allerdings wohl nicht zu vereinen ist. (In den Kommissionsberathungen ist geltend gemacht worden, daß von den Interessen einer einzelnen Gewerkschaft eine schädliche Präponderanz über die Gesammtinteressen des Handelskammerbezirkes am Wenigsten zu besorgen sei. Das Gesetz bezieht diesem entsprechend seine Beschränkung nicht auf die Vorstandsmitglieder von Gewerkschaften.) Allerdings fehlte es schon in der Kommissionssitzung nicht an Stimmen, welche gegen die Fassung des § 8 Bedenken erhoben. Man führte dagegen an, daß jene Einschränkung der Wählbarkeit insofern sehr mißlich sein könne, als gerade die tüchtigsten Geschäftsleute sich häufig an einer Mehrzahl von Unternehmungen leitend betheiligten und deshalb bei Untersagung jedes Zusammentreffens von Gesellschaftern oder Vorstands-Kollegen desselben Geschäfts die Wahl einer tüchtigen Kraft die Wählbarkeit vieler anderer, höchst qualificirter Personen ausschließen könnte. Aus dieser letzteren Erwägung entsprang der Vorschlag, die fragliche Einschränkung ganz fallen zu lassen. Man könnte es doch wohl dem eigenen Urtheile der Wähler überlassen, ob der Umstand, daß mehrere Personen zufällig irgend einem Gesellschaftsvorstande gleichzeitig angehören, die Besorgniß vor einer befangenen Hingabe derselben an ihre einseitigen Gemeinschafts-Interessen begründen dürfte. Es sei dies eben eine Frage, welche sich in der Allgemeinheit gar nicht entscheiden lasse, sondern nur für den einzelnen Fall und für die einzelne Person geprüft sein wolle.

Regierungsseitig wurde jedoch die Nothwendigkeit dieser Beschränkung der Wählbarkeit eindringlich betont, es sei dies eine wesentliche Garantie für die möglichste Mannigfaltigkeit in der Zusammensetzung der Handelskammern und für die Unparteilichkeit ihrer Darstellungen und ihres Urtheils. Es sei doch möglich, führte der Handelsminister im Abgeordnetenhause aus, daß wenn mehrere Directoren einer großen Unternehmung — in der Regel geistreiche und sehr tüchtige Leute — in eine Handelskammer kämen, sie einen zu großen Einfluß gewännen. Es könne ja ein jedes solches großes Unternehmen aus seinen Directoren denjenigen bezeichnen, den es gewählt wissen wolle, das liege also in ihrer Hand. Sonst sei die Sache ziemlich neutraler Natur. Er wünsche nur nicht, einen allzu großen partiellen Einfluß aufkommen zu lassen. „Die Erfahrung habe gelehrt," fügte der Kommissar der Regierung hinzu, „daß eine gar zu zahlreiche Vertretung, sei es eines einzelnen Geschäftszweiges, sei es eines einzelnen Geschäftes selbst, schädlich auf die Berathungen und die Beschlüsse der Handelskammer wirke. Die erhobenen Bedenken dürften übrigens auch einen erheblichen Theil ihres Gewichts verlieren, wenn man sich vergegenwärtige, daß nur das Zusammensitzen in demselben Vorstande, dem eigentlich geschäftsführenden Organe einer Gesellschaft ausschließend wirke."

Die Mehrzahl der Kommission neigte sich der Auffassung der Regierung zu.

§ 9.

Diejenigen, über deren Vermögen der Konkurs (Falliment) eröffnet ist, sind bis nach Abschluß dieses Verfahrens, und diejenigen, welche ihre Zahlungen eingestellt haben, während der Dauer der Zahlungseinstellung weder wahlberechtigt noch wählbar.[1])

1. Selbstverständlich sind von dem passiven Wahlrechte auch alle Diejenigen ausgeschlossen, welchen nach den generellen strafrechtlichen Bestimmungen die Fähigkeit, öffentliche Ehrenämter zu bekleiden, abgesprochen ist. Auch Verfügungsunfähige und weibliche Personen sind nicht wählbar, es wird dies durch die Motive kommentirt.

Was den Konkurs als Hinderungsgrund betrifft, so soll ein Unterschied zwischen der Eröffnung desselben und der bloßen Zahlungseinstellung nicht gemacht werden. Die Art und Weise der Beendigung des Konkursverfahrens bezw. der Zahlungseinstellung ist für den Wiedererwerb des Wahlrechtes belanglos. Geht der Betheiligte nicht mit voller Integrität aus dem Verfahren hervor, so haben es die Wähler in der Hand, ob sie ihn nach ihrem Urtheil ein Mandat für die Handelskammer anvertrauen wollen oder nicht, das aktive Wahlrecht aber ist nicht als bedeutend genug aufgefaßt worden, um für solche Fälle besondere gesetzliche Gegenmaßregeln zu treffen.

Wahlverfahren.

§ 10.

Mit Genehmigung des Handelsministers kann[1]) ein Handelskammer-Bezirk zum Zwecke der Wahl der Mitglieder in engere Bezirke eingetheilt werden, insofern sich aus den örtlichen Verhältnissen hierzu ein Bedürfniß ergiebt.

1. Ein Zwang, einen Bezirk in kleinere Wahlbezirke einzutheilen, ist nicht ausgesprochen. Die Entscheidung hierüber ist vielmehr dem Ermessen der Handelskammer überlassen. Wird eine solche Eintheilung beabsichtigt, so bedarf dieselbe der Genehmigung des Handelsministers. Vorschriften für die Vertheilung der Mitglieder auf diese Wahlbezirke sind nicht gegeben. Es kann aber keinem Zweifel unterliegen, daß auch diese von der Handelskammer nur mit Zustimmung des Handelsministers vorgenommen werden darf.

§ 11.

Für jeden Wahlbezirk ist bei Einrichtung einer Handelskammer von der Regierung, sonst von der Handelskammer selbst eine Liste der Wahlberechtigten[1]) aufzustellen. Dieselbe wird zehn Tage lang öffentlich[2]) ausgelegt, nachdem die Zeit und der Ort der Auslegung in den letzten zehn Tagen vorher[3]) öffentlich bekannt gemacht sind.

Einwendungen gegen die Liste sind unter Beifügung der erforderlichen Bescheinigungen[4]) bis zum Ablauf des zehnten Tages nach beendigter Auslegung, wenn die Handelskammer eingerichtet werden soll, bei der Regierung, sonst bei der Handelskammer selbst anzubringen. Rekurs gegen die Entscheidung der Handelskammer ist innerhalb zehn Tagen bei der Regierung einzulegen.[5]) Letztere entscheidet in allen Fällen endgültig.

1. a) In diese Liste sind nur die Namen derjenigen Kaufleute aufzunehmen, welche thatsächlich ihre Firma in das Register haben eintragen lassen. Die Unterlassung dieser letzteren Verpflichtung von Seiten eines Kaufmanns giebt der Handelskammer nicht das Recht, denselben in die Liste aufzunehmen. Sie hat vielmehr zuvor Sorge zu tragen, daß die unterlassene Eintragung nachgeholt wird. Obgleich ihr eine besondere Berechtigung hierzu nicht eingeräumt ist, wird sie doch in den meisten Fällen bei den betreffenden Amtsgerichten Entgegenkommen finden, wenn sie bei denselben die zwangsweise Eintragung säumiger Firmeninhaber beantragt. Durch Circularerlaß vom 18. Mai 1885 ist den Handelskammern auch ausdrücklich eine Mitwirkung bei der Richtigstellung der Handelsregister anempfohlen. Der bez. Erlaß lautet:

„Von mehreren Handelskammern ist wiederholt auf den Mißstand hingewiesen worden, daß im Handelsregister vielfach erloschene Firmen fortgeführt werden, weil das Erlöschen derselben dem mit ihrer Führung betrauten Richter unbekannt bleibt oder in solchen Fällen nicht eingetragen wird, in denen der Inhaber ohne Hinterlassung bekannter Erben gestorben oder verschollen ist und es deshalb an einem zur Anmeldung des Erlöschens Verpflichteten, welcher von dem Richter dazu angehalten werden könnte (Art. 25, 26 H.-G.-B.), fehlt.

Die Beseitigung dieses Mißstandes wird sich nur durch eine dauernde Mitwirkung der Handelskammer bei der Führung der Handelsregister erreichen lassen, und ich darf um so mehr annehmen, daß die Handelskammern zu dieser Mitwirkung geneigt sein werden, als sie selbst ein erhebliches Interesse an der Vollständigkeit und Richtigkeit des Handelsregisters haben, da das Recht, an den Wahlen für die Handelskammern Theil zu nehmen, und die Pflicht, zu den Kosten dieser Institute beizutragen, durch die Eintragung in das Handelsregister bedingt sind. Da das Handelskammergesetz für die am Schlusse jeden Jahres stattfindenden Mitglieder-Neuwahlen die Aufstellung von Wählerlisten vorschreibt, so erscheint es im Interesse der Geschäftsvereinfachung am zweckmäßigsten, wenn bei dieser Gelegenheit die Handelsregister auf ihre Vollständigkeit und Richtigkeit hin einer Prüfung unterzogen werden. Die Handelskammer wolle demgemäß in Zukunft hiernach verfahren und die bei der Aufstellung der Wählerlisten sich ergebenden Unrichtigkeiten des Handelsregisters zur Kenntniß der mit der Führung desselben betrauten Richter bringen. Selbstverständlich bleibt es der

Handelskammer überlassen, auch in einzelnen Fällen, in denen das Erlöschen einer Firma zu ihrer Kenntniß gelangt, hiervon dem Registerrichter Nachricht zu geben."

Allerdings bleibt die Entscheidung dem Richter allein überlassen, das sachverständige Gutachten der Handelskammer hat an sich keine Beweiskraft. Der Richter entscheidet vielmehr nach freiem Ermessen, ob er einen Gewerbebetrieb als einen kaufmännischen ansehen will oder nicht Bei dieser Sachlage kann von einer Verpflichtung der Handelskammer, etwaigen Denunciationen Folge zu geben, keine Rede sein. Wenn in den Kreisen der Gewerbetreibenden hier und da eine gegentheilige Auffassung hervorgetreten ist, so beruhte sie auf der irrthümlichen Voraussetzung, daß der Handelskammer eine entscheidende Mitwirkung bei der Ordnung des Firmenregisters zugestanden sei. Nach § 251 des Ausführungs-Gesetzes zum Ger.-Verf.-Ges. vom 24. April 1878 hat aber lediglich das örtlich zuständige Amtsgericht nach freiem Ermessen über die Eintragung einer Firma in das Handelsregister zu entscheiden. Die Kammern sind gleichwohl unzweifelhaft legitimirt, gegen bezügliche Entscheidungen des Registerrichters das Rechtsmittel der Beschwerde zu ergreifen. Es liegen bereits dafür Präcedenzfälle vor. So hat z. B. die Handelskammer zu Göttingen 1887 gegen eine Entscheidung des dortigen Amtsgerichts, nach welcher ihrem Antrage, eine Firma in das Handelsregister einzutragen, nicht stattgegeben wurde, bei dem Landgericht daselbst Beschwerde erhoben. In der die Beschwerde rechtfertigenden Entscheidung wird ausdrücklich anerkannt, daß die Handelskammern befugt sind, derartige Anträge zur Löschung von Firmen zu stellen und auch die Beschwerde ist als zulässig erachtet worden.

b) Die Beschaffung der Unterlagen für die Aufstellung der Wählerliste hat einerseits durch die Gerichte, andrerseits durch die Berg- und Gewerbesteuerbehörden zu erfolgen. Trotz der ausdrücklichen Erklärung des Regierungs-Kommissars in der Kommissions-Sitzung des Abgeordnetenhauses, daß die zugehörigen Ministerialinstanzen die Unterbehörden mit entsprechender Weisung dahin versehen würden, daß die erforderlichen Nachrichten kostenfrei zu geben seien, wurden von einigen der Letztgenannten doch Abschreibegebühren erhoben und auf eine bezügliche Anfrage Seitens der Regierung ist die Erhebung solcher Gebühren auch als zulässig anerkannt worden.

Die Motive stellen der Handelskammer anheim, sich ihre Listen aus dem Handelsregister selbst zu beschaffen und zwar durch Einsichtnahme in den gewöhnlichen Dienststunden, eine Hinweisung, die praktisch schwer durchführbar ist. Bei Bezirken, welche mehrere Handelsgerichte umfassen (eine Eventualität, welche die Motive irriger Weise als eine große Ausnahme bezeichnen), verweisen die Motive auf die Nothwendigkeit, daß der Sekretär ab und zu an dem Sitze des auswärtigen Gerichtes das Register zu ergänzen hat. Dieser Vorschlag ist praktisch nur ausnahmsweise befolgt worden. Die Handelskammern lassen sich vielmehr heute fast ausnahmslos die Listen anfertigen, eine Unterstützung, die auf Anordnung der zuständigen Landgerichtspräsidenten Seitens der Registerrichter in zuvorkommender und unentgeltlicher Weise gewährt wird. Im Bezirke der Handelskammer für den Regierungsbezirk Oppeln ist Seitens der Landgerichtspräsidenten ursprünglich angeordnet worden, daß der Handelskammer von jeder einzelnen Eintragung unverzüglich Kenntniß gegeben wird, auf Ersuchen der Handelskammer selbst ist dieses umständliche und zeitraubende Verfahren neuerdings aber dahin abgeändert worden, daß die Amtsgerichte halbjährlich nur summarische Verzeichnisse der Handelskammer einsenden. In anderen Fällen zahlen die Handelskammern eine Schreibgebühr an das Gericht selbst oder an eine von ihnen dazu ein für alle Mal bestimmte und an dem Sitze des Gerichtes wohnhafte Vertrauensperson, bezw. fertigen diese Listen nach den letzten Heberollen selbst an und reichen dieselben dem Gericht nur zur Berichtigung und Ergänzung ein. Einige Handelskammern helfen sich schließlich auch damit, daß sie ihr Firmenregister durch die Veröffentlichungen aus der Beilage des Reichsanzeigers vervollständigen.

2. Die **Auslegung** erfolgt bei Handelskammern, deren Bezirk sich nicht über eine Stadt oder einen Kreis hinaus erstreckt, am zweckmäßigsten auf dem Bureau der Handelskammer selbst, bei Außen-Bezirken haben die Landrathsämter bezw. Bürgermeistereien das Entgegenkommen gezeigt, die Auslegung zu gestatten. Eine Verpflichtung hierzu, so nothwendig sie auch ist, liegt ihnen indeß nicht ob. Auch hier hat eben das Gesetz nur den Fall im Auge gehabt, daß sich eine Handelskammer auf einen engeren Bezirk beschränkt.

3. Die Bezeichnung „in den letzten 10 Tagen **vorher**“ ist doppelsinnig; sie kann bedeuten, daß der Ort der Auslage 10 Tage im Voraus oder „innerhalb der 10 Tage vorher“ bekannt zu machen ist. In der That ist auch die Praxis getheilt. Wir möchten uns aus praktischen Gründen für die Auslegung im erstgedachten Sinne aussprechen, da es wohl weniger darauf ankommt, einer zu frühen Bekanntgebung des Wahltermins vorzubeugen, als Sorge zu tragen, daß auch jeder Wahlberechtigte hinlänglich früh unterrichtet wird, wann und wo er die Wahlliste einsehen kann.

4. Es sind hierunter zu verstehen:
   1. Nachweis, daß eine Firma eingetragen (bezw. bei einem Protest, daß dieselbe nicht eingetragen ist),

2. Nachweis, daß der betreffende Gewerbetreibende Kaufmann im Sinne des Handels-Gesetzbuches ist (bezw. bei Protest, daß er es nicht ist).

In dem Falle, wo es sich um das Wahlrecht eines Bergbautreibenden handelt, oder ein bestimmtes Gewerbesteuer-Minimum zur Bedingung gemacht worden ist, muß eine Bescheinigung des Oberbergamtes bezw. der Steuerbehörde beigebracht werden. Die übrigen Fälle des Einspruchs, wie sie in § 5 und § 6 aufgezählt sind, erklären sich durch sich selbst.

5. Nach dem Zust.-Gesetz ist jetzt Rekurs bei dem Bezirksausschusse und zwar nicht innerhalb 10 Tagen, sondern innerhalb 2 Wochen einzulegen. Eine Wahl bedarf bis zur Perfection nach unserer Auffassung 40 Tage und zwar:

10 Tage für Ankündigung der Auslegung der Wahllisten,
10 Tage für die Auslegung selbst,
10 Tage für Einwendungen gegen die Liste,
10 Tage für Einsprüche gegen die Wahl (vergl. § 15).

Das Wahlverfahren muß demgemäß spätestens am 21. November eingeleitet werden, damit die Wahl bis zum Jahresschluß noch perfect werden kann.

§ 12.

Nach erfolgter Feststellung der Wählerliste hat für jeden Wahlbezirk bei Einrichtung der Handelskammer ein von der Regierung, sonst ein von der Handelskammer aus der Zahl ihrer Mitglieder zu ernennender Kommissarius[1]) den Wahltermin[2]) zu bestimmen und öffentlich[3]) bekannt zu machen.

1. Es ist wohl die Frage entstanden, ob ein gegen Ende des Jahres selbst ausscheidendes Mitglied noch als Wahlkommissar thätig sein kann. Diese Frage ist in der Praxis aus dem Grunde häufig zu beantworten, weil der Regel nach das in dem Wahlbezirke wohnhafte Mitglied selbst die Wahl abhält. Wenn auch sachlich gewiß Bedenken dagegen sprechen, so läßt sich ein solches Verfahren formell nicht anfechten. Das Mitglied, das auszuscheiden bestimmt ist, verbleibt Mitglied bis zum letzten Tage des Jahres und kann demgemäß auch mit dem Amte eines Kommissars in jedem Wahlbezirke betraut werden. Der Gesetzgeber ist hier offenbar wieder von der Vorstellung eines räumlich nicht ausgedehnten Handelskammerbezirkes, der zudem nicht in eine Vielheit von Wahlbezirken aufgelöst ist, ausgegangen.

2. Neben dem Wahltermin ist selbstverständlich auch der Wahlort und das Wahllokal bekannt zu machen. Die unter Umständen nicht unwichtige Bestimmung dürfte in beiden Fällen, wenngleich dies im Gesetz nicht ausdrücklich bemerkt ist, dem Wahlkommissar überlassen sein, da derselbe ja auch den Termin zu bestimmen hat.
3. Die Einladung mittelst Umlaufschreiben, wie sie nach der Verordnung vom 11. Februar 1848 bei den Handelskammern bestand, hat sich nicht bewährt und ist daher gesetzlich ausgeschlossen worden.

§ 13.

In der Wahlversammlung führt der ernannte Kommissarius (§ 12) den Vorsitz. Es wird ein Wahlvorstand gebildet. Zu demselben gehören, außer dem Vorsitzenden, ein Stimmensammler und ein Schriftführer, welche von den anwesenden Wahlberechtigten aus ihrer Mitte gewählt werden.

§ 14.

Die Wahl erfolgt nach absoluter Stimmenmehrheit durch geheime Abstimmung mittelst Stimmzettel, welche, außer den im § 5 erwähnten Fällen, von den Stimmberechtigten persönlich abzugeben sind. Bei Stimmengleichheit [1]) entscheidet das Loos. Ergiebt sich bei einer Wahl in der ersten Abstimmung weder eine absolute Stimmenmehrheit, noch Stimmengleichheit, so werden diejenigen, welche die meisten Stimmen erhalten haben, in doppelter Anzahl der zu Wählenden [2]) auf die engere Wahl gebracht. Falls mehr Personen, als die doppelte Anzahl der zu Wählenden, die relativ meisten Stimmen erhalten, entscheidet bei Feststellung der Liste der auf die engere Wahl zu Bringenden unter denen, welche gleich viele Stimmen haben, das Loos. [3]) Ueber die Gültigkeit der Wahlzettel entscheidet der Wahlvorstand. Das Wahlprotokoll ist von dem Wahlvorstande zu unterzeichnen.

1) Stimmengleichheit bedeutet, da absolute Stimmenmehrheit zur Bedingung gemacht ist, in diesem Falle, daß zwei Personen genau die Hälfte der abgegebenen Stimmen erhalten haben, so daß eine Neuabstimmung an sich kein anderes Resultat ergeben würde. Beispiel, in dem Stimmengleichheit nicht durch das Loos, sondern durch weitere Abstimmung zu entscheiden ist:

Im Wahlgange sollen zwei Mitglieder gewählt werden. Abgegeben sind 22 Stimmen. Erhalten haben

A. 17 Stimmen und ist damit gewählt,
B. 10 "
C. 10 "
D. 5 "
E. 2 "

In vorliegendem Falle würde zwischen B. und C. nicht durch das Loos sondern durch Stichwahl zu entscheiden sein, da sonst das Prinzip der absoluten Stimmenmehrheit aufgegeben würde.

2) Die Bestimmung „in doppelter Anzahl der zu Wählenden" wird oft miß- oder nicht verstanden. Es soll damit gesagt sein, daß, wenn z. B. drei Mitglieder neu zu wählen sind, die sechs, welche die meisten Stimmen erhalten haben, in die engere Wahl zu stellen sind.

3) Das Gesetz schreibt vor, wenn es dies auch nicht wörtlich ausdrückt, daß mehrere Mitglieder in einem Wahlgange und auf einem Stimmzettel zu wählen sind. Angenommen also, daß zwei Mitglieder zu wählen sind, so würde jeder Wähler zwei Namen auf seinen Stimmzettel zu setzen haben. Die Cumulirung der Stimmen ist hierbei nicht ausdrücklich ausgeschlossen aber jedenfalls nicht im Sinne des § 14 vorgesehen. Angenommen es würden 20 Stimmen abgegeben. Hiervon entfielen auf:

A. 9	D. 7
B. 9	E. 7
C. 8	F. 6

die übrigen 14 Stimmen zersplitterten sich, so würden A., B., C. als diejenigen, welche relativ die meisten Stimmen erhalten haben, ohne Weiteres, von D. und E. aber nur Einer und zwar der, welchen das zwischen Beiden gezogene Loos trifft, in die engere Wahl gelangen. Die neuen Wahlzettel dürften alsdann nur 2 von diesen 4 Namen enthalten, wenn sie gültig sein sollen.

§ 15.

Die Handelskammer hat das Ergebniß der Wahl öffentlich bekannt zu machen.[1])

Einsprüche gegen die Wahl sind binnen zehntägiger Frist bei der Handelskammer anzubringen und von der Regierung endgültig zu entscheiden.[2])

1. Auch die der Bekanntmachung der Wahl vorausgehende Feststellung des Ergebnisses derselben, welche früher durch den Oberpräsidenten zu erfolgen hatte (wie auch die Entscheidung über die vorgeschriebene Qualifikation der Gewählten bei diesem lag) steht heute ausschließlich den Handelskammern zu.

Die Zustimmung des Gewählten zu seiner Wahl ist nicht vorgesehen, wird aber in der Praxis gewöhnlich dennoch eingeholt.

2. Nach dem Zust.-Ges. vom 1. August 1883 nimmt die Handelskammer Einsprüche gegen die Wahl nicht nur entgegen, sondern beschließt auch über dieselben, wie sie auch die Legitimationen ihrer Mitglieder von Amts wegen zu prüfen und darüber zu beschließen hat. Beschwerden gegen ihre Entscheidungen sind innerhalb 2 Wochen an den Bezirks-Ausschuß zu richten (vergl. zu §§ 18—19 Anm.).

Dauer der Funktion und Wechsel der Mitglieder.

§ 16.

Die Mitglieder der Handelskammern versehen ihre Stellen in der Regel drei Jahre lang. Am Schlusse jeden Jahres[1]) werden durch Neuwahl zunächst die durch den Tod oder sonstiges Ausscheiden vor Ablauf der gesetzlichen Zeit erledigten Stellen[2]) wieder besetzt. Im Uebrigen scheiden von den Mitgliedern am Schlusse jeden Jahres so viele aus, daß im Ganzen der dritte Theil sämmtlicher Stellen zur Wiederbesetzung gelangt. Die Ausscheidenden bestimmt das höhere Dienstalter[3]) und bei gleichem Alter das Loos.

Geht die normale Gesammtzahl der Mitglieder einer Handelskammer bei einer Theilung durch drei nicht voll auf, so wird die nächst höhere Zahl, welche eine solche Theilung zuläßt, der Berechnung des ausscheidenden Drittheils zu Grunde gelegt.

Die Ausscheidenden können wieder gewählt werden.

1. Es ist hier unseres Erachtens das Kalenderjahr, nicht das Geschäftsjahr zu verstehen, wie es irrthümlich vereinzelt interpretirt wird, da bei Abfassung des Gesetzentwurfes sonst von vornherein eine Unterscheidung zwischen Kalender- und Geschäftsjahr hätte gemacht werden müssen.
2. Die vor Ablauf der gesetzlichen Zeit von 3 Jahren sich erledigenden Stellen sind nicht bloß für den Rest dieser Zeit, sondern für eine volle Wahlperiode wieder zu besetzen. Es ist dies absichtlich geschehen, um den Handelskammern eine größere Stabilität zu geben. Wenn auch der Regel nach die Mitgliedschaft nur 3 Jahre währen soll, können daher doch Fälle eintreten, in denen Mitglieder auch 4 Jahre, möglicherweise auch noch ein fünftes Jahr der Handelskammer angehören, und zwar dann, wenn die Zahl der nicht im Turnus eintretenden Vakanzen eine verhältnißmäßig größere ist. Andererseits kann bei einer durch 3 nicht theilbaren Mitgliederzahl auch der Fall eintreten, daß ein Mitglied schon nach 2jähriger Amtsdauer auszuscheiden hat. Unsere obige Auffassung wird nicht durchgängig getheilt. Die Handelskammern befolgen vielmehr zum Theil die entgegengesetzte Praxis und lassen Ersatzwahlen nur für den Rest der Funktionsdauer des ausgeschiedenen Mitgliedes eintreten, indem sie sich in ihrer Auffassung auf die Analogie bei den Gemeinde- und Parlamentswahlen stützen. Diese Auslegung ist aber nach dem Kommissionsbericht richtig zu stellen. In der Kommission wurde von einem Mitgliede angeregt, ob es wohl gethan sei, den bei anderen öffentlichen Wahlen zu städtischen, kirchlichen und sonstigen Vertretungen üblichen Grundsatz, daß die durch Ausscheiden vor Ablauf der gesetzlichen Frist sich erledigenden Stellen nur für den Rest der Wahlperiode zu besetzen seien, hier ausnahmsweise aufzugeben und jede, solchergestalt außer dem Turnus frei werdende Stelle für volle drei Jahre zu besetzen. Es wurde hierauf, unter Anknüpfung an die betreffende Stelle des vorjährigen Kommissionsberichtes und unter besonderer Bestätigung des Regierungs-Kommissars, erwidert, daß dies absichtlich geschehen sei, um nach Beseitigung des nicht bewährten Instituts der Stellvertreter, kurzfristige Wahlen und einen für die Gediegenheit der Handelskammer-Thätigkeit schädlichen Wechsel in der Person der Mitglieder thunlichst zu verhüten. Die Kommission fand es aus dieser Rücksicht angemessen, die fragliche Bestimmung beizubehalten.
3. Das Dienstalter wird in der Praxis verschieden interpretirt, die Einen verstehen darunter nur die Anciennität des Dienstjahres, andere wollen auch den Tag der Wahl mit entscheiden lassen, so daß von denen, welche in verschiedenen Wahlbezirken in demselben Jahr aber zu verschiedenen Tagen gewählt worden sind, z. B. derjenige zuerst ausscheiden würde, der am 28. Dezember gewählt worden ist, wenn die übrigen am 27. oder 26. des gleichen

Monats vor 3 Jahren gewählt wurden. Diese letztere Interpretation dürfte aber mit Recht anzufechten sein, da sie weder der Absicht der gesetzlichen Bestimmung noch auch der Billigkeit entspricht. Die Jahrgänge sind vielmehr in sich gleich zu setzen, ohne Rücksicht, ob der Wahltermin in dem einen Fall früher oder später abgehalten worden ist. Selbstverständlich ist das Dienstalter nicht vom ersten Eintritt in die Kammer, sondern von dem letzten Gewähltsein ab zu verstehen, da sonst die langjährigen Mitglieder jedes Jahr zur Neuwahl stehen würden.

§ 17.

Jeder in der Person eines Mitgliedes eintretende Umstand, welcher dasselbe, wenn er vor der Wahl vorhanden gewesen wäre, von der Wählbarkeit ausgeschlossen haben würde, hat das Erlöschen[1]) der Mitgliedschaft zur Folge.

1. Das Mandat ruht nicht in dieser Zeit, sondern erlischt gänzlich. Wenn nach Beendigung des Konkursverfahrens oder der Zahlungseinstellung der Betheiligte sein Geschäft wieder aufnimmt, so muß er neugewählt werden. Es geht dies aus den Motiven erkennbar hervor. Nach § 16 bleibt der von ihm eingenommene Sitz in der Kammer unter allen Umständen bis zum Ablauf des Jahres unbesetzt. Bei der alsdann stattfindenden Neuwahl bleibt es, sofern inzwischen das Konkursverfahren beendet ist, der Entscheidung der Wähler überlassen, ob sie dem Betroffenen die Integrität zusprechen und demgemäß ihr Vertrauen wieder zuzuwenden in der Lage sind oder nicht. Vergl. im Gegensatz hierzu die vorläufige Enthebung vom Amte nach § 19.

Giebt ein Handelskammermitglied im Laufe eines Jahres sein Geschäft auf, so erlischt ohne Weiteres und sofort auch sein Mandat.

§ 18.

Die Handelskammer kann ein Mitglied, welches nach ihrem Urtheile durch seine Handlungsweise die öffentliche Achtung verloren hat, nach Anhörung desselben durch einen mit einer Mehrheit von wenigstens zwei Drittheilen ihrer Mitglieder abzufassenden[1]) Beschluß aus ihrer Mitte entfernen;

es steht jedoch dem Betheiligten gegen einen solchen Beschluß der Rekurs an die Regierung[2]) offen.

1. Das Wort „abzufassenden" ist nur als Redaktionsfehler anzunehmen, und durch die Worte „zu fassenden" zu ersetzen. Es ist nur nöthig, daß $^2/_3$ der Mitglieder einen bez. Beschluß faßt, aber nicht ihn, abfaßt, was sprachlich nur bedeuten könnte, daß der Beschluß von $^2/_3$ der Mitglieder zu redigiren oder zu unterzeichnen sei. Diese Deutung ist natürlich ausgeschlossen.
2. Der Recurs geht nach § 135 Abs. 4 des Zust.-Ges. vom 1. August 1883 an den Bezirksausschuß.

§ 19.

In derselben Art (§ 18) kann[1]) die Handelskammer ein Mitglied, gegen welches ein gerichtliches Strafverfahren eröffnet wird, bis nach Abschluß desselben, von seinen Funktionen vorläufig entheben.[2])

1. Es ist ganz dem Ermessen der Handelskammer überlassen, ob ein zur strafgerechtlichen Untersuchung gezogenes Mitglied nach ihrer Ansicht von seinen Funktionen als Mitglied zu entheben ist oder nicht.
2. § 135 Abs. 4 des Zuständigkeits-Gesetzes vom 1. August 1883 bestimmt:

   „Gegen die nach Maßgabe der vorstehenden Bestimmungen gefaßten Beschlüsse der Handelskammer, ferner gegen Beschlüsse der Handelskammer über Einwendungen gegen die Listen der Wahlberechtigten (§ 11) und gegen Beschlüsse der Handelskammer, durch welche ein Mitglied ausgeschlossen oder seiner Funktionen vorläufig enthoben wird (§§ 18, 19) findet innerhalb zwei Wochen die Klage bei dem Bezirksausschusse statt."

Kostenaufwand.

§ 20.

Die Handelskammer beschließt über den zur Erfüllung ihrer gesetzlichen Aufgabe[1]) erforderlichen Kostenaufwand und ordnet ihr Kassen- und Rechnungswesen selbstständig.

Sie nimmt die von ihr für erforderlich erachteten

Arbeitskräfte[2]) an, setzt die Vergütungen für dieselben fest und beschafft die nöthigen Räumlichkeiten.[3])

1. Gesetzliche Aufgabe. Der Begriff derselben ist sehr dehnbar. Man kann zweifelhaft sein, ob nicht thatsächlich einige Handelskammern über die ihnen gesteckte engere Grenze in einzelnen Fällen hinausgegangen sind. Daß die Grenze nicht zu eng gesteckt sein soll, ist auch die Ansicht der Regierung. In dieser Hinsicht ist bemerkenswerth, daß der Regierungspräsident von Düsseldorf die Handelskammern seines Bezirkes vor einigen Jahren darauf aufmerksam gemacht hat, daß er die Unterstützung kaufmännischer Fortbildungsschulen durch Geldmittel als innerhalb der Aufgaben der Handelskammern betrachte. Einzelne Handelskammern haben Geldmittel zur Förderung von Eisenbahn- und Kanalbauprojekten und selbst für Ehrengaben bewilligt. Seitens des Reichspostamts ist anderen die Garantie für die Anlage von Fernsprecheinrichtungen ihres Bezirkes zugeschoben worden. Diese weitere Auslegung der den Handelskammern zustehenden Wirksamkeit überhaupt ist von diesen selbst nicht immer anerkannt worden. So ist sowohl die Uebernahme von Garantieverpflichtungen, wie auch das Seitens des Orientalischen Seminars in Berlin an die Handelskammern gerichtete Ersuchen, etwaigen befähigten, tüchtigen Kaufleuten durch eine Unterstützung die Möglichkeit zu geben, das Institut auf 1—2 Jahre zu besuchen, von einzelnen Handelskammern mit der prinzipiellen Begründung abgelehnt worden, daß eine derartige Unterstützung über den Rahmen des § 20 des Gesetzes hinausgehen würde, eine Auffassung, die jedenfalls gegenüber derjenigen der Staatsregierung die kleinlichere und kurzsichtigere ist. Die Gewährung von Beiträgen an Vereine ist nicht anzufechten, eben weil es an einer festen Begrenzung der Wirksamkeit der Handelskammern fehlt. Die inhaltslose Wiederholung des § 1 in § 31, welche durch die beiden Worte „im Allgemeinen" noch mehr verflüchtigt wird, kann hier nach keiner Richtung hin angezogen werden.

2. Sekretär. Nach der Verordnung vom 11. Februar 1848 wurde der Sekretär von der Handelskammer ernannt, die Festsetzung seiner Besoldung erfolgte indeß, auf Vorschlag der Handelskammer, durch die Regierung. Bei der geringeren Bedeutung der damaligen Handelskammern beschränkte sich allerdings die Aufgabe dieses Beamten auf die „Schreib- und Registratur-Geschäfte". Das Gesetz von 1870 überläßt die Regelung der Beamtenverhältnisse den Handelskammern ausschließlich. Der Sekretär steht auch nur in einem direkten Verhältnisse zu seiner Kammer, so daß beispielsweise der Fall, daß der Minister durch eine Handelskammer dem Beamten derselben Anweisungen zugehen läßt, Mangels einer

entsprechenden verwaltungsrechtlichen Unterlage nur einen privaten Charakter haben würde. Der Sekretär hat gleichwohl, sofern er mit fester Besoldung angestellt ist, die Eigenschaft eines mittelbaren Staatsdieners, welchem die Allerhöchste Kabinetsordre vom 14. Mai 1832, betr. die Anwendung des Gesetzes vom 11. Juli 1822 auf städtische, landschaftliche und andere als mittelbare Staatsdiener zu betrachtende Beamte zu Statten kommt. Dies ist wiederholt, zuletzt durch das Königliche Oberverwaltungsgericht in seiner Sitzung vom 21. März 1890 entschieden worden. (Die Steuerbehörde in Breslau betrachtet neben dem Sekretär auch jeden anderen festangestellten Beamten der Handelskammer als mittelbaren Staatsbeamten.) Die Konsequenz dieser Entscheidung ist, daß der Handelskammersekretär bezüglich seiner kommunalen Steuer ebenso wie die Staatsbeamten Erleichterungen genießt und den in Titel X Theil II des Allgemeinen Landrechts für die Bestellung der Civilbeamten vorgeschriebenen Bestimmungen unterworfen ist.

Die Titulatur der geschäftsführenden Beamten ist eine verschiedene. Der Regel nach führen sie den Titel: „Sekretär", in einzelnen Fällen aber auch Syndikus, Generalsekretär, Konsulent; ein Unterschied ist in diesen Beziehungen dahin zu erkennen, daß der Syndikus wie der Konsulent gewöhnlich juristisch vorgebildet, der Generalsekretär einem größeren Bureau, sowie einem besonderen 2. Sekretär übergeordnet ist, doch hat sich eine feste Praxis in dieser Beziehung nicht herausgebildet. Der Minister für Handel und Gewerbe spricht in seinen Erlassen stets nur von Sekretären, welcher Benennung er je nach dem besonderen Falle, die von der Handelskammer gewählte Amtsbenennung erläuternd beifügt.

Die Frage, ob eine Handelskammer auf einen, mehrere Jahre umfassenden Zeitraum ihre Beamten anstellen kann, wäre strenge genommen, zu verneinen, da dieselbe über die Beiträge ihrer Wähler nicht über ein Jahr hinaus zu verfügen in der Lage ist, insofern ihr finanzieller Bestand und ihr Bestand überhaupt über ein Jahr hinaus niemals gesichert ist, thatsächlich erfolgt aber bei den größeren Handelskammern die Anstellung des Sekretärs regelmäßig auf längere Jahre, wie überhaupt die Handelskammer in geschäftlicher Beziehung sich den ihr auferlegten Beschränkungen hat entziehen müssen, wenn sie bestehen und sich entwickeln wollte. Die in den Motiven anempfohlene freiwillige Vereinigung der erforderlichen Kräfte hätte niemals die Mittel geben können, einen auf Jahre hinaus festen Organisationsbestand zu gewährleisten.

Es ist den Handelskammern wie ihren Beamten in der Oeffentlichkeit oft der Vorwurf gemacht worden, den Ersteren, daß sie ihren geschäftsführenden Secretären einen zu großen Einfluß einräumten, den Letzteren, daß sie einen solchen Einfluß zu sehr geltend machten. Dieser Vorwurf ist ungerecht und würde jedem Beamten eines Collegiums, einer Corporation, einer Vereinigung gegenüber ebenso zutreffen. Im Grunde besteht in dieser Beziehung beispielsweise zwischen dem obersten Beamten einer Stadt und dem einer Handelskammer kein Unterschied. Beide sind, wenn sie gewählt werden, weniger sachverständig in ihren besonderen Aufgaben als irgend einer ihrer Wähler, sie bringen nur die allgemeine Vorbildung und die Methode, der Eine auf communalem, der Andere auf volkswirthschaftlichem Gebiete mit. Es liegt in der Natur ihrer Thätigkeit, daß sie, je länger sie im Amte sind, sich durch die unausgesetzte Bearbeitung aller einschlägigen Fragen allmählich auch über die besonderen Verhältnisse ihres Bezirkes ein selbstständiges Urtheil aneignen, das sie im Dienste ihrer Corporationen wohl nutzbar zu machen vermögen. Der Unterschied zwischen Beiden liegt nur darin, daß in dem Falle der örtlichen Corporationen dem obersten Beamten durch Gesetz eine leitende, im Falle der gewerblichen Corporationen eine dienende Stellung zugewiesen ist. Wo in der Geschäftsführung einer Handelskammer die Person des Beamten stärker hervorgetreten ist, ist dies jedenfalls nicht im Gegensatz zur Kammer geschehen, da diese jeder Zeit Herrin über ihre eigenen Geschäfte, und in ihren Anweisungen gegenüber ihren Beamten unbeschränkt ist.

Die Frage, ob ein Mitglied der Handelskammer zugleich auch die Geschäfte des Sekretariats zu führen berechtigt ist, muß bejaht werden, da die Handelskammer in dieser Beziehung an keine besonderen Vorschriften gebunden ist. Dagegen kann der Sekretär der Handelskammer nach § 7 nicht Mitglied der Handelskammer sein. Aus dem Abgeordnetenhause heraus war der Antrag gestellt worden, die Wählbarkeit nach keiner Richtung hin zu beschränken. Der Regierungskommissar hob demgegenüber aber Folgendes hervor: es sei bereits hervorgehoben worden, daß aus den Kreisen der Handelskammersekretäre tüchtige Nationalökonomen hervorgegangen seien. Der Staatsregierung seien ähnliche Wahrnehmungen nicht entgangen, gleichwohl würde sie entschieden Verwahrung dagegen einlegen müssen und sie könne es durchaus nicht wünschen, daß die Handelskammersekretäre, wie das in Jahr und Tag der Fall sein würde, Mitglieder der Handelskammer würden. Die Staatsregierung könne von der Stunde an, wo sie nicht mehr die Garantie habe, daß in den Handelskammern nur der Handelsstand selbst und er allein vertreten sei, den Gutachten nicht mehr diejenige Bedeutung und denjenigen Werth beilegen, die sie ihnen beigelegt habe, und die sie ihnen auch in Zukunft beilegen zu können dringend wünsche.

3. Die Beschaffung der nöthigen Räumlichkeiten ist auf dem Wege der Miethe oder des Kaufes zu denken. Einzelne Handelskammern

haben, obwohl sie, juristisch genommen, dazu nicht in der Lage sind, durch ein besonderes Verfahren eigene Gebäude gekauft, übernommen oder errichtet, andere haben sich darauf beschränkt, die erforderlichen Räumlichkeiten zu miethen, und zwar in der Weise, daß sie entweder die Bureauräume sowie den Sitzungssaal, oder auch nur die ersteren für das ganze Jahr (und die letzteren alsdann nur auf die Sitzungstage) gemiethet haben. In einzelnen Fällen ist den Handelskammern auch ein öffentlicher Saal von Gemeinde oder Kreis für die Sitzungen zur freien Verfügung gestellt worden; die Bureauräume sind vielfach mit der Wohnung des Vorsitzenden oder des Sekretärs verbunden.

§ 21.

Die Mitglieder versehen ihre Geschäfte unentgeltlich. Nur die durch Erledigung einzelner Aufträge erwachsenden baaren Auslagen[1]) werden ihnen erstattet.

1. Reisekosten und Diäten für die außerhalb wohnenden Mitglieder sind ausdrücklich nicht zugelassen. Eine Handelskammer, die solche bewilligen würde, würde sich damit einer Ungesetzlichkeit schuldig machen, da „wer ein solches geringfügiges Opfer nicht bringen wolle oder könne, besser ungewählt bleibe". Es liege auch keine gesetzliche Verpflichtung vor, eine Wahl anzunehmen, wenn Jemand die Kosten eines solchen Ehrenamtes scheue. (C. B. I. a & I b.) Ausgenommen sind diejenigen Fälle, in denen ein Mitglied im Auftrage seiner Kammer zu außergewöhnlichen Ausgaben veranlaßt wird. Als solche ist z. B. die Entsendung zum Handelstage und ähnliche Dienstreisen anzusehen, wogegen die Abtheilungs- und Kommissionssitzungen der Handelskammer unter § 21 gemeinhin nicht einbegriffen werden. In obigen Fällen sollen auch nur die baaren Auslagen erstattet, aber nicht Diäten und Pauschalsätze für Fahrgeld 2c. generell festgesetzt werden.

§ 22.

Die Handelskammer hat alljährlich einen Etat aufzustellen, öffentlich bekannt zu machen und der Regierung mitzutheilen.[1])

1. Der Etat soll der Regierung nur mitgetheilt, nicht zur Genehmigung vorgelegt werden. Diese Bestimmung schließt eine Einwirkung der Behörde aus. Eine Ausnahme hiervon ist indeß in § 24 gemacht worden. Die Absicht, welche das Gesetz mit dieser

Bestimmung verknüpft, ist die, daß sich die Regierung vergewissern soll, ob auch die Gesammtsumme des Etats innerhalb der gesetzlichen Vorschrift von 10% bleibt.

§ 23.

Die etatsmäßigen Kosten werden auf die sämmtlichen Wahlberechtigten nach dem Fuße der Gewerbesteuer vom Handel veranlagt und als Zuschlag zu dieser erhoben.

Die nicht zur Gewerbesteuer vom Handel veranlagten Wahlberechtigten [1]) werden von der Handelskammer alljährlich nach dem Umfange ihres Geschäftsbetriebes im vorhergehenden Jahre auf einen fingirten Satz der Gewerbesteuer [2]) vom Handel eingeschätzt [3]) und in diesem Verhältnisse zu den Kostenbeiträgen herangezogen. Die Betheiligten werden Seitens der Handelskammer von dieser Einschätzung benachrichtigt. Beschwerden darüber sind binnen zehntägiger Frist bei der Handelskammer anzubringen und unterliegen der endgültigen Entscheidung der Regierung.[4])

Die Erhebung der Beiträge geschieht auf Anordnung der Regierung.[5])

1. Zu den nicht zur Gewerbesteuer vom Handel veranlagten Wahlberechtigten sind z. B. die Eisenbahngesellschaften, die Bergwerksinteressenten, die Genossenschaften die im Handelsregister eingetragenen Schifffahrttreibenden u. A. zu zählen. (Siehe Anm. 3.) Wer zur Gewerbesteuer vom Handel veranlagt ist (z. B. ein Schiffer [Rheder]), welcher Kohlenhandel betreibt, kann nicht zugleich mit seiner für die Schifffahrt zu entrichtenden Gewerbesteuer zu den Beiträgen der Handelskammer herangezogen werden. Der ganze Paragraph muß nach Einführung des neuen Gewerbesteuergesetzes, das eine „Gewerberbesteuer vom Handel" nicht mehr unterscheidet, eine veränderte Fassung erhalten. (Vergl. Anm. 1 zu § 3.)
2. Die Unterscheidung der Gewerbesteuer nach den Gewerbekategorien wird nach dem neuen Gewerbesteuergesetz in Fortfall kommen. Welcher Ersatz dafür eintreten wird, bleibt abzuwarten.

3. Das Gesetz hat nicht ausreichend klar gestellt, wie sich das Verfahren bei der Einschätzung zur fingirten Gewerbesteuer in Betreff der gesetzlich nicht zur Handels-Gewerbesteuer veranlagten Wahlberechtigten (Genossenschaften, Bergbautreibenden, Branntweinbrenner, Bierbrauer, Müller, Fleischer und anderen im Handelsregister eingetragenen Gewerbetreibenden) gestalten soll. Die im C. B. II a Seitens des Regierungs-Kommissars in Aussicht gestellte besondere Instruktion Seitens der Ministerien ist nicht erfolgt. Thatsächlich werden heute bei mehreren Handelskammern z. B. die nicht Gewerbesteuer zahlenden Genossenschaften nicht zu den Kosten der Handelskammern herangezogen und dementsprechend auch nicht zur Wahl zugelassen.
4. Beschwerden gegen die Veranlagung werden nach § 135 des Zuständigkeitsgesetzes vom 1. August 1883 nicht mehr von der Regierung, sondern von der Handelskammer selbst entschieden und von dem Bezirksausschusse innerhalb 2 Wochen endgültig erledigt (vergl. Anm. zu § 18—19).
5. Die Motive heben ausdrücklich hervor, daß die Regierung keineswegs alljährlich weitere Anordnungen über die Hebung der Beiträge zu treffen habe, sondern dies ein für alle Male anordnen könne. Es genüge, wenn sie den Etat alljährlich für executabel erkläre.

   Die Hebung der Beiträge erfolgt zur Zeit im Allgemeinen in der Weise, daß die Gemeindeempfänger die Beitragslisten von der Handelskammer zugeschickt erhalten und nunmehr gegen eine procentuale Gebühr das Inkasso besorgen. Die Höhe der Gebühr wechselt. 3—4% dürfte in der Praxis die Norm sein. In einzelnen Bezirken gehen die Listen durch Vermittelung des Regierungs-Präsidenten an die Steuerkassen, ein für alle Betheiligten umständliches Verfahren, welches durch das Gesetz nicht bedingt ist.

   Nach der Bestimmung des Absatzes 3 des § 3 der Verordnung vom 7. September 1879, betreffend das Verwaltungszwangsverfahren wegen Beitreibung von Geldbeträgen hat die Regierung zu bestimmen, welche Steuerkassen des Bezirkes der Handelskammer die Vollstreckungsbehörden behufs Ausführung der Zwangsvollstreckung innerhalb ihrer Amtsbezirke zu bilden und demgemäß den von der Handelskammer an sie gerichteten Anträgen auf Zwangsvollstreckung Folge zu geben haben.

§ 24.

Einer vorgängigen Genehmigung[1]) der Regierung bedarf es, wenn die Beschaffung des Aufwandes für ein Jahr einen zehn Prozent[2]) der Gewerbesteuer vom Handel übersteigenden Zuschlag zu derselben erfordert, oder wenn der vorgelegte Etat überschritten werden soll.

Im ersteren Falle kann die Regierung[3]) die etatsmäßigen Kosten in der Gesammtsumme soweit herabsetzen,[4]) daß der zu ihrer Deckung erforderliche Zuschlag nicht mehr als zehn Prozent der Gewerbesteuer vom Handel beträgt.

1. Das Gesetz verlangt die Genehmigung der Regierung, wenn der vorgelegte Etat überschritten werden soll. Man erkennt wohl, daß auf diese Weise verhindert werden soll, daß eine Kammer über den ihr zugebilligten Prozentsatz hinausgeht. Sofern dabei ein 10% bereits übersteigender Satz in Frage kommt, läßt sich die Bestimmung auch erklären, nicht aber, wenn beispielsweise eine Kammer nur 7% erhebt und sie im Laufe des Etatsjahres durch unvorhergesehene Umstände eine Ueberschreitung von 1/4 oder 1/2% aufzuweisen hat. Es kommt zunächst in Betracht, daß die Bestimmung so, wie sie ausgesprochen ist, — die Motive geben leider keine nähere Auskunft, — praktisch nicht ausführbar ist, da sich die Ueberschreitung eines Etats erst am Schlusse des Rechnungsjahres, d. h. wenn die Ueberschreitung bereits stattgefunden hat, feststellen läßt. Oder aber, es müßte gemeint sein, daß die Ueberschreitung einer einzelnen Position der Genehmigung bedarf. Dies ist aber schon deshalb nicht anzunehmen, da sich eine Mehrausgabe in einer Position häufig durch eine Minderausgabe in einer anderen ausgleicht, und es zu unfruchtbaren Schreibereien führen würde, wollte man um jeder kleinen Ueberschreitung willen die Regierung belästigen. Es würde ein solches Verfahren auch nicht in Uebereinstimmung mit der Bestimmung des § 20 stehen, wonach die Handelskammer ihr Kassen- und Rechnungswesen selbstständig ordnet. Thatsächlich ist auch, soweit uns bekannt ist, dieser Theil des § 24 noch von keiner Handelskammer befolgt worden. Würde die strenge Erfüllung des Gesetzes Seitens der Regierung beansprucht werden, so würde damit unseres Erachtens doch nichts anders erreicht werden, als daß die Handelskammern in der Aufstellung ihres Etats sich weniger knapp halten und vielmehr für jede Position und schließlich für den ganzen Etat selbst sogleich bei der Aufstellung desselben einen gewissen Spielraum lassen würden, der solche Nachtragsbewilligungen überflüssig machen könnte.

2. Es war als Maximum für die ohne besondere staatliche Genehmigung frei zu gebende Höhe des Kostenaufwandes urspr. 5% in Aussicht genommen. Die Kommission setzte aber den Prozentsatz auf 10% hinauf, „da sonst die Handelskammer in ihrer finanziellen Gebahrung einen zu geringen Spielraum haben würde. (C. B. I a.)

3. An die Stelle der Regierung tritt nach dem Zuständigkeitsgesetze vom 1. August 1883 der Minister für Handel und Gewerbe, wie § 134 des Näheren ausführt:

„Der Minister für Handel und Gewerbe beschließt über die Genehmigung zur Erhebung eines 10% der Gewerbesteuer vom Handel übersteigenden Zuschlags von Seiten einer Handelskammer, sowie zu einer Ueberschreitung des Etats derselben, ingleichen über die Herabsetzung der etatsmäßigen Kosten auf den Betrag eines 10%igen Zuschlags zur Gewerbesteuer vom Handel."

4. Die Herabsetzung durch die Regierung kann nur für die Gesammtsumme geschehen, der Handelskammer bleibt es überlassen, durch anderweite Normirung der einzelnen Positionen das Gleichgewicht zwischen Einnahmen und Ausgaben herzustellen. Wenn im Gegensatz hierzu eine Regierung gelegentlich einmal den Handelskammern ihres Bezirkes bezüglich einzelner Positionen Herabsetzung der dafür ausgeworfenen Beträge anempfohlen hat, so geschah dies mehr in der Absicht der Wohlmeinung als mit dem Willen, einzugreifen. Als die Handelskammern das ihnen gestellte Ansinnen als unausführbar zurückwiesen, beschied sich die Regierung mit der ihr mitgetheilten Entschließung.

§ 25.

Die Kostenbeiträge können unter Genehmigung der Regierung auf Antrag der Handelskammer der Gemeindekasse oder der Staatssteuerkasse am Sitze der Handelskammer überwiesen werden. Die betreffende Kasse hat alsdann in den Grenzen des Etats auf die Anweisungen der Handelskammer die Zahlungen zu leisten und darüber Rechnung zu legen.[1])

Die Rechnungen werden von der Handelskammer geprüft und abgenommen.

1. Die Gemeinde- oder Staatssteuerkassen können, wenn es die Handelskammer wünscht, die Kassenverwaltung in der Weise übernehmen, daß sie die eingehenden Gelder der Handelskammer aufbewahren und nach Anweisung der Letzteren Zahlung leisten, soweit der Einnahme-Voranschlag reicht. Ob die Kassen verpflichtet sind, einem derartigen Ersuchen zu entsprechen, ist bezüglich der Gemeindekassen zweifelhaft. Das Gesetz setzt es offenbar voraus. Es bedarf dazu

auch eines besonderen Antrages der Handelskammer, nicht etwa der Anweisung der Regierung, da dieselbe vielmehr nur ihre Genehmigung zu ertheilen hat. Welche Vergütung Seitens der Handelskammer für die Mühewaltung zu gewähren ist, ist der Vereinbarung überlassen. Von der den Handelskammern ertheilten Befugniß ist in der Praxis wohl kaum Gebrauch gemacht, da es näher liegt, die Kasse entweder durch ein Mitglied, oder durch den Sekretär oder durch eine Bank führen zu lassen.

Geschäftsgang.

§ 26.

Zu Anfang jeden Jahres wählt die Handelskammer aus ihrer Mitte einen Vorsitzenden und einen Stellvertreter desselben. Im Falle des Ausscheidens des Vorsitzenden oder seines Stellvertreters vor der gesetzlichen Zeit erfolgt eine Neuwahl für den Rest dieser Zeit.

§ 27.

Die Handelskammern können die Oeffentlichkeit ihrer Sitzungen beschließen.[1]) Jedenfalls sind sie verpflichtet, den Handel- und Gewerbetreibenden ihres Bezirks durch fortlaufende Mittheilung von Auszügen aus den Berathungsprotokollen,[2]) ferner am Schlusse jeden Jahres in einer besonderen Uebersicht von ihrer Wirksamkeit und von der Lage und dem Gange des Handels und der Gewerbe,[3]) sowie summarisch von ihren Einnahmen und Ausgaben durch die öffentlichen Blätter Kenntniß zu geben.

Ausgenommen von der öffentlichen Berathung und Mittheilung bleiben diejenigen Gegenstände, welche in einzelnen Fällen den Handelskammern als für die Oeffentlichkeit nicht geeignet von den Behörden bezeichnet[4]) oder von ihnen selbst zur Veröffentlichung nicht geeignet befunden werden.

1. Den Handelskammern ist es freigestellt, ob sie die Oeffentlichkeit beschließen wollen oder nicht. Durch Cirkularerlaß vom 30. Nov. 1881 ist den Regierungs-Präsidenten nahe gelegt worden, solche Handelskammern, welche seither die Oeffentlichkeit ihrer Sitzungen noch nicht beschlossen hatten, zu einem entsprechenden Beschlusse zu veranlassen. Dieser Erlaß verstieß gegen den Wortlaut des § 27 und gegen den Geist des Gesetzes, welches den Handelskammern die möglichste Freiheit in ihren Bewegungen belassen wollte. Heute sind die Sitzungen wohl bereits bei allen Handelskammern zu öffentlichen erhoben worden. Es ist aber gesetzlich wohl möglich, daß eine Handelskammer auch einmal wieder die Oeffentlichkeit ihrer Sitzungen aufhebt, wenn sie dazu Veranlassung fühlt. In diesem Falle könnte ihr das Recht dazu nicht bestritten werden.
2. Die Mittheilung von Auszügen der Sitzungsprotokolle braucht nicht auf direktem Wege zu erfolgen, geschieht der Regel nach vielmehr durch Veröffentlichung in der Presse. Neuerdings sind einige Handelskammern dazu übergegangen, regelmäßige „Mittheilungen" in Form eines Amtsblattes den Wählern zugehen zu lassen, in denen neben den Sitzungsprotokollen auch andere für Handel und Gewerbe des Bezirkes wichtige Mittheilungen ihren Platz finden.

Die Mittheilung der vollständigen Protokolle ist nicht vorgeschrieben, weil, abgesehen davon, daß man die Handelskammern nicht nöthigen wollte, ganz uninteressante oder unnöthige weitläufige Mittheilungen drucken zu lassen, doch auch Angelegenheiten ganz discreter Natur (z. B. Gutachten und Urtheile über Persönlichkeiten), welche sich für die Oeffentlichkeit unbedingt nicht eignen, in den Sitzungen der Handelskammern verhandelt werden könnten. (C. B. II b.)

Nur den Gewerbetreibenden gegenüber sind die Handelskammern verpflichtet, fortlaufende Mittheilung von Auszügen aus den Berathungsprotokollen zu geben. Wenn gleichwohl auch der Minister für Handel und Gewerbe an die Handelskammern unter dem 30. Nov. 1881 die Anforderung gestellt hat, ihm vierteljährlich Abschrift der Protokolle einzusenden, so läßt sich diese Anforderung zwar vom Standpunkte des formalen Rechts nicht rechtfertigen, — denn das Gesetz wollte die freie Bewegung der Handelskammern möglichst wahren und hat daher die Verpflichtungen namentlich aufgeführt, welche die Handelskammern den Behörden gegenüber zu erfüllen haben — wohl ist sie aber so naturgemäß, da der Minister doch schon um der gesetzlichen Wechselbeziehungen zwischen ihm und den Handelskammern im Laufenden über deren Geschäfte sein muß, daß die Preußischen Handelskammern der Aufforderung willig und gern Folge geleistet haben. Zu beachten ist, daß selbst für den Fall, daß in einem Quartal Sitzungen nicht abgehalten worden sind, der Minister Werth darauf legt, eine bezügliche Fehlanzeige zu erhalten. (Erlaß des Handelsministers vom 30. November 1881.)

Ein gleiches Ansuchen ist vereinzelt auch von den Provinzialbehörden an die Kammer gestellt worden. Eine rechtliche Verpflichtung hierzu ist aber Seitens der betreffenden Handelskammern nicht anerkannt worden. So hat z. B. der Königl. Landdrostei in Hildesheim gegenüber die dortige Handelskammer ein entsprechendes Ersuchen abgelehnt. Diese sachlich wohl nicht gerechtfertigte Ablehnung — denn eine Handelskammer wird im Gegentheil ein derartiges ihren Verhandlungen geschenktes Interesse nur mit Dank anerkennen — ist nur durch die Verstimmung zu erklären, welche im Anfang der 80er Jahre einen großen Theil der Handelskammern erfaßt hatte, da sie sich in der ihnen gewährleisteten Unabhängigkeit bedroht sahen.

Mittheilungen, wie dieselben häufig den Handelskammern zur weiteren Bekanntgebung an die Gewerbetreibenden zugehen, werden von dieser entweder an alle Wähler durch direkte Zusendung — ein umständliches und unnöthiges Verfahren — oder, falls nicht vertraulichen Inhalts, durch Annoncirung in den Zeitungen — ein kostspieliges Verfahren — oder aber nur an die besonders Betheiligten durch direkte Zustellung übermittelt. In diesem letzten Falle läuft die Handelskammer immer Gefahr, Betheiligte zu übersehen und bei Angelegenheiten, welche weitere Kreise angehen, bleibt die Umständlichkeit und Kostspieligkeit gleichwohl bestehen, obschon es sich in den meisten Fällen, selbst bei den vertraulichen Mittheilungen des Ministers, um Kundgebungen geringen Interesses, oft um Thatsachen handelt, die den Betheiligten auf direktem Wege schon ausführlicher bekannt geworden sind. Auch hier hat sich die unter Anmerkung 2 bereits erwähnte Einrichtung eines Organs der Handelskammer verhältnißmäßig noch am Zweckmäßigsten erwiesen. Es wird dadurch möglich, die geforderten regelmäßigen Beziehungen zu den Wählern durch Abdruck der Protokolle, Eingaben 2c. zu unterhalten und neben manchem für den Bezirk Wissenswerthen auch derartige ihnen zur Bekanntgebung zugehenden Mittheilungen zu veröffentlichen. Freilich ist die Herausgabe eines amtlichen Organs mit so vielen Kosten verbunden, daß kleinere Handelskammern diesen Ausweg bisher nicht einschlagen konnten.

3. Am Schlusse jeden Jahres soll den Wählern eine **Uebersicht** gegeben werden:

1) von der Wirksamkeit der Kammer,
2) von Lage und Gang des Handels und der Gewerbe,
3) von Einnahmen und Ausgaben.

Diese Vorschriften werden von keiner Handelskammer befolgt, weil sie zum Theil unausführbar sind. Das Rechnungsjahr läuft bei den meisten Kammern im Anschluß an das Gewerbesteuerjahr von April zu April, wollte man eine Uebersicht für das Kalenderjahr geben, so müßte das Rechnungsjahr auf dieses gelegt werden, was aber offenbar mit Schwierigkeiten oder Unbequemlichkeiten verknüpft sein muß, da die Handelskammern davon Abstand genommen haben. Lage und Gang des Handels läßt sich gegen Ende des Jahres nicht so sorgfältig feststellen, als wenn bereits der Jahresabschluß stattgefunden hat. Da zudem nach § 32 bis spätestens Ende Juni dem Handelsminister auch ein Jahresbericht über Lage und Gang von Handel und Gewerbe zu erstatten ist, würden die Handelskammern im Jahre zwei Berichte abzufassen haben, von denen einer immer zur Hälfte in dem andern enthalten sein würde. Aus diesem Grunde haben die Handelskammern mit wenigen Ausnahmen (z. B. Köln, Barmen), beide Berichte zu einem vereinigt, indem sie den für den Handelsminister bestimmten zugleich als Bericht für die Wähler und daneben ihre Einnahmen und Ausgaben besonders veröffentlichen. Ein Protest gegen dieses Verfahren ist bisher von keiner Seite erfolgt.

Die in der Verordnung vom 11. Februar 1848 (§ 24) getroffene Bestimmung, daß durch die Mittheilungen (Jahresberichte) Anträge bei den Behörden erst dann, wenn darauf Bescheid erfolgt sei und nur unter Beifügung dieses Bescheides zu veröffentlichen sei, ist aufgehoben. Ein Bescheid auf die von den Handelskammern erstatteten Berichte, wie dies z. B. in Bayern der Fall ist, erfolgt der Regel nach nicht, weder Seitens des Handelsministers noch auch der übrigen Centralstellen, auch nicht in solchen Fällen, in denen in dem Berichte besondere Wünsche, Anträge oder Beschwerden niedergelegt sind.

4. Als ausgeschlossen von der öffentlichen Berathung und Mittheilung sind z. B. alle mit dem Vermerk „vertraulich" versehenen Erlasse des Handelsministers anzusehen. Derartige Mittheilungen dürfen auch keinesfalls in das durch die Zeitungen zu veröffentlichende Protokoll gesetzt werden, da in solchen Falle der vertrauliche Charakter nicht mehr gewahrt bliebe. Es dürfte diese Bestimmung indeß nur auf solche Gegenstände Anwendung finden, welche der Handelskammer Seitens der Behörde selbst zur Berathung überwiesen werden. Da eine bestimmte Behörde nicht genannt ist, würde sonst für die Handelskammer aus dieser Bestimmung resultiren, daß die Entscheidung über die Oeffentlichkeit ihrer Berathung, auch von selbstgewählten Gegenständen, dem Ermessen irgend einer Behörde unterstellt sei, was widersinnig wäre.

Bei Berathungen über den Abschluß neuer Handelsverträge sowie über Anträge und Wünsche, welche die Verkehrsbeziehungen zum Auslande betreffen, ist nach genereller Anordnung des Handelsministers die Oeffentlichkeit stets auszuschließen, eine Anordnung, die so sehr dem eigensten Interesse des Handels dient, daß sie

Widerspruch nicht gefunden hat, wenngleich sie nicht überall, wie sie es sollte, hinreichend strenge beachtet wird.

§ 28.

Die Beschlüsse der Handelskammer werden — außer den in den §§ 18, 19 bestimmten Fällen — durch Stimmenmehrheit gefaßt. Bei Stimmengleichheit entscheidet die Stimme des Vorsitzenden. Bei Wahlen findet das im ersten Absatze des § 14 bestimmte Verfahren statt. Zur Abfassung eines gültigen Beschlusses ist die Ladung aller Mitglieder unter Mittheilung der Berathungsgegenstände und die Anwesenheit von mindestens der Hälfte der Mitglieder erforderlich.[1])

Ueber jede Berathung ist ein Protokoll aufzunehmen.[2])

1. Man könnte zweifelhaft sein, ob hierbei die Zahl der für die Handelskammer festgesetzten oder nur die der wirklich amtirenden Mitglieder als Grundlage zu nehmen ist. Wir halten die letztere Auslegung für die zweckmäßigere. Eine Handelskammer hat auch eine entsprechende das Gesetz ergänzende Bestimmung in ihre Geschäftsordnung aufgenommen.
2. Die Verordnung vom 11. Februar 1848 schrieb vor, daß wenn das Kollegium sich nicht zu einem einheitlichen Beschlusse einigen könne, die verschiedenen Ansichten nebst den dafür geltend gemachten Gründen im Protokoll erkennbar gemacht werden sollten. Das Gesetz vom 24. Februar 1870 hat eine derartige bestimmte Vorschrift fallen lassen, da nach den Motiven vertraut wird, daß die Handelskammern auch so schon in dem entsprechenden Sinne verfahren werden.

§ 29.

Die Handelskammern führen ein den heraldischen Adler enthaltendes Siegel mit der Umschrift: „Handelskammer zu (für) . . . ."

Ihre Ausfertigungen[1]) werden außer von dem Vorsitzenden oder dessen Stellvertreter noch von mindestens Einem Mitgliede vollzogen.[2])

1. Zu den „Ausfertigungen" gehören auch Anweisungen an die Kasse (C. B. II. a.) desgleichen sind hierzu die Beurkundungen (z. B. Ursprungszeugnisse) zu rechnen. Die Unterschrift des Sekretärs als Mitunterzeichner hat dabei keine Gültigkeit, noch viel weniger kann er Beurkundungen und dergleichen mit gültiger Kraft unterzeichnen, wie bezüglich der Ursprungszeugnisse ausdrücklich durch Ministerial-Bescheid an eine Handelskammer entschieden worden ist. Nach Erlaß des Handelsministers vom 31. Juli 1886 sind Ursprungszeugnisse für Waarensendungen nicht stempelpflichtig, wenn die Zollermäßigungsdifferenz 150 Mk. und darüber beträgt.

Die Ausfertigungen müßten nach § 29 Abs. 2 strenge genommen, jedesmal von zwei Mitgliedern, von denen eines der Vorsitzende oder dessen Stellvertreter sein muß, unterfertigt werden. Dies würde zu großen Umständlichkeiten führen, wenn man sich an den Wortlaut halten wollte. Thatsächlich ist das Verfahren in der Praxis derartig, daß nur bei offiziellen Schreiben an Behörden und dergleichen zwei Unterschriften eingeholt werden, Schreiben untergeordneter Art aber nur von dem Vorsitzenden und, wenn es sich nur um Bureaukorrespondenzen handelt, in dessen Auftrage von dem Sekretär vollzogen werden; dem Wortlaut genügen alsdann die Handelskammern damit, daß bei nur einer Unterschrift nicht „Die Handelskammer" sondern „Der Vorsitzende" bezw. „Der Sekretär der Handelskammer" unterzeichnet.

Portofreiheit und den Vorzug, portopflichtige Dienstsachen zu versenden, genießen die Handelskammern nicht, wie auf Befragen durch den Handelsminister entschieden worden ist.

2. Der Geschäftsgang mancher Handelskammern bringt es mit sich, daß für die Behandlung bestimmter Materien ständige Commissionen eingesetzt sind. Es kann denselben damit aber nicht eine das Plenum der Handelskammer ersetzende Vollmacht übertragen werden, da sie vor dem Gesetze keine autorisirte Bedeutung haben. Sie sind in allen Fällen nur vorberathende, keine beschließenden Abtheilungen, und ihre Beschlüsse müssen jeder Zeit durch das Plenum ratificirt werden, wenn sie Geltung erlangen sollen. In der Praxis ist diesem Verhältnisse nicht immer Rechnung getragen worden.

§ 30.

Die näheren Bestimmungen über den Geschäftsgang werden von der Handelskammer in einer der Regierung mitzutheilenden[1]) Geschäftsordnung getroffen.

1. Die Geschäftsordnung ist nur mitzutheilen. Sie bedarf somit nicht der Genehmigung oder Mitwirkung der Regierung. Man würde

versucht sein, unter dieser Voraussetzung den ganzen Paragraph für zwecklos zu halten, man muß aber berücksichtigen, daß damit der Regierung immerhin die Möglichkeit einer Kontrolle darüber gegeben ist, ob auch nicht etwa, wie es übrigens thatsächlich in einzelnen Geschäftsordnungen trotz dieser Vorsicht der Fall ist, den Anordnungen des Gesetzes in einzelnen Punkten der Geschäftsordnung widersprochen wird.

Geschäftskreis.

§ 31.

Der Geschäftskreis der Handelskammern wird im Allgemeinen durch ihre Bestimmung (§ 1) begrenzt.[1])

1. Eine spezielle Aufführung der einzelnen Funktionen ist nur bei den §§ 32, 33 und 34 insoweit erfolgt, als eine gesetzliche Regelung in dieser Beziehung unerläßlich war, um einen einheitlichen Rechtszustand innerhalb des gesammten Staatsgebietes, der bis dahin in diesem Punkte nicht bestand, herbeizuführen. Der Geschäftskreis der Handelskammer soll aber keineswegs durch die §§ 31—34 begrenzt sein. Der § 1 läßt demselben vielmehr einen weiten Spielraum.

§ 32.

Alljährlich bis spätestens Ende Juni haben die Handelskammern über die Lage und den Gang des Handels[1]) während des vorhergegangenen Jahres an den Handelsminister zu berichten.[2])

Auch in anderen Fällen ist ihnen gestattet, ihre Berichte[3]) unmittelbar an die Centralbehörden[4]) zu erstatten.

In allen Fällen haben sie von dem an die Centralbehörden erstatteten Berichten derjenigen Provinzialbehörde, in deren Geschäftskreis der Gegenstand fällt, Mittheilung[5]) zu machen.[6])

1. Wie bereits zu § 27 bemerkt worden ist, haben die Handelskammern in Preußen mit wenigen Ausnahmen die ihnen auferlegte doppelte Jahresberichterstattung in eine zusammengelegt. Es konnte nicht ausbleiben, daß in Folge dieser Verschmelzung in den für den

Minister bestimmten Bericht Thatsachen und namentlich Ansichten und Beschwerden aufgenommen wurden, welche in erster Linie nicht für den Minister, sondern für die Wähler bestimmt waren. Dieses Mißverhältniß führte zu den bekannten Konflikten, deren schließliche Folge der ministerielle Erlaß vom 30. November 1881 war, wonach kein Jahresbericht früher veröffentlicht werden durfte, bevor er eine Frist von 4 Wochen hindurch dem Minister zur Berichtigung unterbreitet war. Daß der Minister ein Recht dazu hat, den für ihn bestimmten Berichten einen amtlichen Charakter zu geben, steht unseres Erachtens außer Frage. Dagegen liegt es ganz in der Hand der Handelskammern, durch eine Trennung der jetzt zusammengefaßten beiden Berichte ihre Wünsche und Ansichten ohne Verzögerung öffentlich zu bethätigen, sofern sie eben sich an den Wortlaut des Gesetzes halten und dem Minister nur den vorgeschriebenen Bericht über Lage und Gang des Handels, also Thatsächliches, den Wählern dagegen daneben noch über ihr Wirken berichten, wie es z. B. in Köln und Hannover geschieht. Uebrigens ist auf besonderes Ersuchen der Handelskammern Seitens des Ministers die frühere Veröffentlichung des Berichtes zumeist bereitwilligst, in einzelnen Fällen sogar schon nach Ablauf von 8 Tagen, genehmigt worden. Sofern eine Behörde — und es kommen hier, neben dem Handelsminister, auch die anderen Centralbehörden in Betracht — Veranlassung nimmt, dem Jahresbericht eine Berichtigung zuzufügen, pflegen die Handelskammern die entsprechende Notiz dem Berichte noch nachträglich, entweder in einem Vorworte oder einem Nachworte, anzufügen.

2. Es ist zwar nur ein Bericht über den Gang des **Handels** zur Pflicht gemacht, diese zu eng gesteckte Grenze wird aber aus freien Stücken von keiner Handelskammer mehr eingehalten, und es ist gern angenommen worden, daß sie auch über die Industrie, über Arbeiterverhältnisse, Verkehr u. s. w. sich allgemein äußern.

Da die an den Handelsminister zu erstattenden Berichte von den Handelskammern zugleich für die Wähler zur Veröffentlichung in Aussicht genommen sind, darf naturgemäß in diesem für die Oeffentlichkeit bestimmten und damit auch dem Auslande zugängigen Berichte Nichts Aufnahme finden, was mehr für das Ohr des Ministers als für die öffentliche Diskussion bestimmt ist. So erscheint es durchaus geboten, daß die Handelskammern ihre Wünsche betr. Abänderungen von Handelsverträgen nicht in dem allgemeinen öffentlichen, sondern in besonderen und nur für den Minister bestimmten Berichten niederlegen, sofern die Kenntniß dieser Wünsche für die betheiligten fremden Regierungen von Werth sein könnte. Da ein bestimmtes Schema für die Abfassung des an den Minister zu erstattenden Jahresberichtes nicht vorgeschrieben ist, folgt heute jede Kammer ihrem eigenen Gutdünken. Der wiederholt gemachte

Versuch, eine Uebereinstimmung unter den Handelskammern herbeizuführen, hat bisher keinen Erfolg gehabt.

Wenn gelegentlich einmal von einem Vertreter der verbündeten Regierungen im Reichstage die Auffassung ausgesprochen ist, den Handelskammern stände es zwar zu über die thatsächlichen Erscheinungen in ihrem Bezirke zu berichten, „es wäre aber das Allerbeste, sie enthielten sich jedes Urtheils über diese", so widerspricht diese Auffassung dem § 1 des Gesetzes, welcher den Handelskammern neben den „thatsächlichen Mittheilungen" auch die Erstattung von Gutachten und Anträgen zur Pflicht macht. Es ist gewiß wünschenswerth, daß die Berichte der Handelskammern möglichst vorsichtig, gewissenhaft und absolut objectiv in ihren Urtheilen sind, weil sie als Grundlage staatlicher Maßnahmen dienen sollen, und es ist unseres Erachtens wohl gerechtfertigt, daß die Staatsregierung in solchen Fällen, in denen die Oeffentlichkeit durch ein offenbar unrichtiges Urtheil einer Corporation irregeleitet wird, ihrerseits eine Berichtigung eintreten läßt, die Forderung aber, daß die Handelskammern, weil sie nicht unfehlbar in ihren Ansichten sind, überhaupt keine Ansicht aussprechen sollen, kann vor dem Gesetze nicht bestehen. Ebensowenig kann eine Handelskammer gezwungen werden, eine andere Ansicht auszusprechen, als sie für gut findet.

3. Die an den Minister für Handel und Gewerbe zu erstattenden Berichte sind, sobald sie länger als vier Seiten sind, zu paginiren. (Erl. v. 3. Febr. 1887.)

4. Unter Centralbehörden sind hier wohl nur die preußischen Landesbehörden gemeint. Es ist aber von keiner Seite Widerspruch erhoben worden, daß die preußischen Handelskammern sich auch direkt an die Reichsbehörden gewandt haben. Das Recht, mit Petitionen die gesetzlichen Körperschaften anzugehen, ist zwar nicht ausdrücklich vorgesehen, wird ihnen aber kaum streitig gemacht werden.

Einige Bezirksregierungen haben die Handelskammern angewiesen, ihnen viertel-, halbjährlich oder jährlich besondere Berichte über Lage und Gang des Handels und der Industrie für den von ihnen zu erstattenden sogenannten Zeitungsbericht einzusenden. Die Handelskammern haben diesem Ersuchen bisher ausnahmslos entsprochen. Kann auch eine formelle Verpflichtung zu dieser außerordentlichen Berichterstattung eigentlich für sie nicht angenommen werden, da das Gesetz die Grenzen ihrer regelmäßigen Leistungen in § 32 genau bestimmt und ihnen nur einen einmaligen jährlichen Bericht an die Wähler sowie an das Handelsministerium zur Aufgabe gemacht hat, so läßt sich doch aus der in § 1 den Handelskammern gesetzten Bestimmung, die Behörden durch thatsächliche Mittheilungen zu unterstützen, in gewisser Beziehung ein diesbezügliches Recht der Behörden begründen.

5. „Mittheilung". Es wird offenbar eine inhaltliche Wiedergabe für

ausreichend erachtet, so daß sich die Ertheilung von Abschriften an die Provinzialbehörden erübrigt. Würde das Letztere gefordert sein, so würde den Handelskammern unnöthig große Schreibarbeit auferlegt werden, unnöthig insofern, als nach dem in der preußischen Verwaltung üblichen Verfahren die Centralstelle an sich schon keine Entscheidung trifft, ohne vorher unter Einsendung des Sachverhaltes die Ansicht der in Betracht kommenden Provinzialbehörde eingeholt zu haben.

Daß unter Provinzialbehörden nicht nur die eigentlichen politischen, sondern im Gegensatz zu den Centralbehörden die allen diesen letzteren untergeordneten Behörden überhaupt (z. B. Eisenbahndirektionen 2c.) zu verstehen sind, muß aus der Tendenz des Gesetzes entnommen werden.

6. Die Handelskammern führen den preußischen Adler, sie haben daher die Pflicht, in allen Stücken das Landesinteresse zu wahren. Diese Verpflichtung legt ihnen bestimmte Beschränkungen im Verkehr mit ausländischen Behörden auf.

Es würde dem ihnen in § 1 gesetzten Zwecke widersprechen, wenn sie z. B. fremden Regierungen oder deren Vertretern Bericht erstatten oder Auskunft ertheilen würden, welche zum Nachtheile des eigenen Landes ausgenutzt würden. Da die Handelskammern in vielen Fällen nicht übersehen können, ob eine an sie gelangende Frage nicht schließlich das Landesinteresse mit demjenigen des Auslandes in Konflikt setzt, und da es den Handelskammern nicht gestattet sein kann, unter der Verantwortlichkeit des preußischen Adlers Indiskretionen zu begehen, ist es als Pflicht der Handelskammern zu betrachten, wenn sie sich Anfragen des Auslandes, namentlich Gesandten und Consuln gegenüber, über wirthschaftliche Verhältnisse die gebotene Zurückhaltung auferlegen und in allen zweifelhaften Fällen sich zuvor mit dem Handelsminister in's Einvernehmen setzen.

§ 33.

An denjenigen Orten,[1]) an welchen Handelskammern ihren Sitz haben, werden von diesen die Handelsmäkler[2]) — unter Vorbehalt der Bestätigung der Regierung — ernannt.

1. Nach dem Wortlaute sind die Handelskammern nur berechtigt, an dem Orte, wo sie ihren Sitz haben, Handelsmäkler zu ernennen. Auch hier hat das Gesetz nur solche Kammern im Auge, welche einen Stadtbezirk umfassen. Die für Handelskammern mit größerem Bezirke in Folge dieser Bestimmung gezogene Schranke ist von diesen, ohne daß er beanstandet worden wäre, unbeachtet geblieben.

2. Wenn hier nur die Handelsmäkler namhaft gemacht werden, so hat auch hier die Praxis eine Erweiterung in der Weise herbeigeführt, daß auch die Probenehmer für Zucker, sowie die Schausachverständigen (z. B. im Getreide- und Futtergeschäft, für Wolle, Spiritus etc.) und die kaufmännischen Sachverständigen anerkanntermaßen von den Handelskammern ernannt werden.

Da, wo Kammern für Handelssachen in einem Handelskammerbezirke errichtet worden sind, ist den Handelskammern das Vorschlagsrecht für die zu ernennenden Handelsrichter eingeräumt. Die Handelsrichter werden auf gutachtlichen Vorschlag des zur Vertretung des Handelsstandes berufenen Organs für die Dauer von 3 Jahren ernannt; eine wiederholte Ernennung ist nicht ausgeschlossen. (Ger.-Verf.-Ges. § 112.) Die Handelskammern werden demgemäß bei den im Turnus regelmäßig eintretenden Vakanzen der Regel nach aufgefordert, für die Wahl eines Handelsrichters 3 geeignete Personen zur Auswahl in Vorschlag zu bringen. Die Bestätigung erfolgt alsdann durch den König.

Das Amt der Handelsrichter ist ein Ehrenamt (§ 112). Sie erhalten weder Tagegelder noch Fahrkosten. Der Vorschlag der Handelskammern ist nicht bindend, sondern nur gutachtlich. Die vorzuschlagenden Personen müssen deutscher Nationalität, als Kaufleute oder als Vorstände einer Actien-Gesellschaft in das Handelsregister eingetragen oder eingetragen gewesen sein, das 30. Jahr vollendet, im Bezirke der Kammer für Handelssachen ihren Wohnsitz haben und in der Verfügung ihres Vermögens (durch Entmündigung, Concurs) unbeschränkt sein. (§ 113.) Sie werden vor ihrem Amtsantritte eidlich verpflichtet (§ 115) und haben während der Dauer ihres Amtes alle Rechte und Pflichten richterlicher Beamten (§ 116). Sie unterliegen als solche den für Richter bestehenden Disciplinarvorschriften auch bezüglich ihres außeramtlichen Verhaltens. An Seeplätzen können Handelsrichter auch aus dem Kreise der Schifffahrtskundigen ernannt werden (§ 114).

Nach § 209 h des A. D. H.-G.-B. haben die Mitglieder des Vorstandes und des Aufsichtsrathes einer Actiengesellschaft den Hergang der Gründung zu prüfen. Sind Mitglieder zugleich Gründer, oder haben sie der Gesellschaft ein Vermögensstück überlassen oder sich einen besonderen Vortheil ausbedungen (Art. 209 b), so muß außerdem eine Prüfung durch besondere Revisoren stattfinden, welche das für die Vertretung des Handelsstandes berufene Organ und in Ermangelung eines solchen der Vorstand und der Aufsichtsrath zu bestellen hat.

Das für die Vertretung des Handelsstandes berufene Organ ist die Handelskammer. Ihr liegt daher die Ernennung der Revisoren ob. Dieselbe erfolgt, da es nicht möglich ist, für einen jeden solchen Act zuvor eine Vollversammlung einzuberufen, gewöhnlich durch den Vorsitzenden, der dann in der nächsten Plenarsitzung nachträglich die Bestätigung des Plenums einholt.

Die Prüfung Seitens der beiden Revisoren hat sich nach Art. 209 h Abs. 2: a) auf die Richtigkeit, b) auf die Vollständigkeit der Angaben zu erstrecken, welche rücksichtlich der Zeichnung und Einzahlung des Grundkapitals und der im Artikel 209 b vorgesehenen Festsetzungen von den Gründern, insbesondere in der im Artikel 209 g vorgeschriebenen Erklärung gemacht sind. Ueber die Prüfung ist unter Darlegung der im Vorstehenden bezeichneten Umstände schriftlich Bericht zu erstatten.

Die in 209 b enthaltenen Festsetzungen besagen: „jeder zu Gunsten einzelner Aktionäre bedungene besondere Vortheil muß in dem Gesellschaftsvertrage unter Bezeichnung des Berechtigten festgesetzt werden.

Werden auf das Grundkapital von Aktionären Einlagen, welche nicht durch Baarzahlung zu leisten sind, gemacht oder Seitens der zu errichtenden Gesellschaft vorhandene oder herzustellende Anlagen oder sonstige Vermögensstücke übernommen, so müssen die Person des Aktionärs oder der Contrahenten, der Gegenstand der Einlage oder der Uebernahme und der Betrag der für die Einlage zu gewährenden Aktien oder die für den übernommenen Gegenstand zu gewährende Vergütung in dem Gesellschaftsvertrage festgesetzt werden.

Von diesen Festsetzungen gesondert ist der Gesammtaufwand, welcher zu Lasten der Gesellschaft an Aktionäre oder Andere als Entschädigung, oder Belohnung für die Gründung oder deren Vorbereitung gewährt wird, in dem Gesellschaftsvertrage festzusetzen.

Jedes Abkommen über die vorbezeichneten Gegenstände, welches nicht die vorgeschriebene Festsetzung in dem Gesellschaftsvertrage gefunden hat, ist der Gesellschaft gegenüber unwirksam."

209 g. „Die Gründer haben in dem Falle des Artikels 209 b, Absatz 2, in einer von ihnen zu unterzeichnenden Erklärung die Umstände darzulegen, mit Rücksicht auf welche ihnen die Höhe der für die eingelegten oder übernommenen Gegenstände gewährten Beträge gerechtfertigt erscheint. Hierbei haben sie insbesondere die dem Erwerbe der Gesellschaft vorausgegangenen Rechtsgeschäfte, welche auf denselben hingezielt haben, sowie die früheren Erwerbs- und Herstellungspreise aus den letzten zwei Jahren anzugeben."

a) Bezüglich des Umfanges, in dem die Revision vorzunehmen ist, und bezüglich der Verpflichtung, das von der Handelskammer ertheilte Revisions-Mandat zu übernehmen, bestehen in der Praxis Meinungsverschiedenheiten. Das Reichs-Justizamt hat in dieser Beziehung in einem an die Handelskammer Göttingen gerichteten Rescript vom 10. April 1890 folgende Erläuterung gegeben:

„Die Prüfung hat nach dem Gesetz, wie nach dem Entwurfe, „den Hergang der Gründung", d. h. die gesammten thatsächlichen Vorgänge zu umfassen, welche mit der Gründung in Zusammenhang stehen. Sie hat sich namentlich auf die Sacheinlagen und Erwerbungen zu erstrecken; dabei hat das Gesetz die in Artikel 209g verlangte Erklärung der Gründer über die Höhe der Werthsbeträge mit Allem, was zu deren Rechtfertigung geboten ist, besonders hervorgehoben, und es genügt nicht, die Richtigkeit der betreffs ihrer gemachten Angaben zu prüfen, vielmehr muß ebenso geprüft werden, ob dieselben vollständig sind. Erscheinen dem Prüfenden, also auch den von der Handelskammer bestellten Revisoren, die vorliegenden Angaben der Gründer zur Rechtfertigung der Höhe nicht vollständig, so sind sie berechtigt und verpflichtet weitere Angaben von den Gründern zu verlangen, oder sonst zur Aufklärung und Rechtfertigung dienende Ermittelungen anzustellen, und sie müssen in ihrem schriftlich zu erstattenden Berichte darlegen, daß sie in einer den ganzen Inhalt ihrer Aufgabe erschöpfenden Weise die Prüfung vorgenommen haben.

Ein derartiges Eingehen auf die zur Würdigung und Rechtfertigung der Werthsbeträge dienenden Thatumstände stellt einerseits keine übermäßige Anforderung an die Revisoren. Es kann zwar Niemand zur Uebernahme der ihm angetragenen Funktion als Revisor gezwungen werden und es ist nur zu wünschen, daß Jedermann seine Entschließung über Annahme oder Ablehnung der Revision nach seinen persönlichen Fähigkeiten und Verhältnissen unter Berücksichtigung des Gegenstandes der Prüfung fasse. Die Annahme kann auch unter Vorbehalt erklärt werden, namentlich unter dem Vorbehalt, die Funktion wieder niederzulegen, sobald eine die Sache klarstellende Prüfung ausgeschlossen erscheint. In diesem Falle wäre es nicht zu beklagen, wenn zufolge der Unmöglichkeit die vom Gesetze vorgeschriebene Prüfung zu erlangen, die Entstehung der Aktien-Gesellschaften verhindert würde. Dagegen kann es sich freilich nicht empfehlen, von der Annahme der Funktion als Revisor und deren Durchführung lediglich im Hinblick darauf abzustehen, daß die Gründung Mängel habe, oder nicht soliden Grundsätzen entspreche. Vielmehr ist die Prüfung gerade dazu bestimmt, die Mängel und Uebelstände an das Licht zu ziehen.

Je gewissenhafter und furchtloser die Revision durchgeführt wird, desto mehr ist sie andererseits von Werth für die öffentliche Wohlfahrt."

b) Eine Veröffentlichung des Revisionsberichtes ist nicht vorgesehen und wird auch von dem Reichs-Justizamt nicht als zweckmäßig und durchführbar erachtet. Dagegen sollen die Namen der Revisoren in der Veröffentlichung des Gerichtes aufgeführt werden. In dem vorerwähnten Rescript heißt es: „Eine Vorschrift, nach welcher auszugsweise der wesentliche Inhalt des Berichts kurz und erschöpfend anzugeben wäre, würde meistens an den Richter eine unlösliche Aufgabe stellen und für das Publikum gefährlich sein; selbst wenn der Bericht in seinem Endergebnisse ohne ein Bedenken aufzustellen, schließt, könnte er in sich Anlaß zu weiterer Nachforschung und zur Aufdeckung bedenklicher Umstände geben. Die Veröffentlichung des ganzen Berichts und aller dazu gehörigen Anlagen aber würde Kosten verursachen, welche in der großen Mehrzahl der Fälle den dadurch erzielten Nutzen weit überschritten. Jedem, der es wünscht, steht nicht blos die Einsicht des auf dem Gerichte liegenden Materials frei, sondern wer die Kosten dafür erlegen will, kann sich von demselben auch Abschriften ertheilen lassen. Dagegen erscheint es nicht überflüssig, daß die Veröffentlichung des Gerichts die Namen der Revisoren zu enthalten hat. Dieselben werden von den Handelskammern bald aus den verschiedensten Kreisen, bald aus Personen, welche die Revision geschäftsmäßig betreiben, ernannt, und es ist jedenfalls nicht ohne Werth, die Namen zur öffentlichen Kenntniß zu bringen, damit das Publikum erwägen kann, in welchem Maße es lohnt, von dem Revisionsberichte sich eine Einsicht oder Abschrift zu verschaffen.

c) Es entsteht häufig die Frage, ob und in welcher Höhe für die Vornahme der Revision den damit Betrauten die entstehenden Kosten zu ersetzen sind. Daß Personen die letzteren aus eigenen Mitteln tragen, ist nicht zu verlangen. § 21 des Handelskammer-Gesetzes sieht vor, daß die den Mitgliedern durch Erledigung einzelner Aufträge erwachsenden baaren Auslagen durch die Handelskammer wieder zu erstatten sind. Als einen Auftrag der Kammer kann man aber die Revision als solche nicht gelten lassen. Die Handelskammer ernennt Revisoren, wie sie Sachverständige ernennt, für die aus der Revision entstehenden Kosten hat sie unseres Erachtens ebensowenig aufzukommen wie für die aus einem Sachverständigen-Gutachten sich ergebende Liquidation. Die Verbindlichkeit der Kammer ist mit dem Rechtsacte der Ernennung abgeschlossen. Eine andere Frage ist es, ob die Revisoren nicht bei der in Betracht kommenden Aktiengesellschaft ihre Kosten liquidiren können. Der Gebrauch ist ein verschiedener. Bei einzelnen Handelskammern gilt die Uebernahme der Revision als Ehrenleistung, bei anderen liquidiren die Revisoren nicht nur ihre wirklichen Kosten, sondern auch eine Gebühr z. B. für den einzelnen Fall in Höhe von 1000 Mk. Das mehrerwähnte Rescript des Reichs-Justizamts sieht auch die Bestellung erwerbsmäßiger Revisoren ausdrücklich vor. Unter allen Umständen berührt diese Frage die Handelskammer als solche nicht. Sie kann es den Revisoren überlassen, nach ihrem Ermessen sich Kosten, Arbeit und Zeitversäumniß erstatten zu lassen oder nicht.

§ 34.

Börsen und andere für den Handelsverkehr[1]) bestehende öffentliche Anstalten[2]) können unter die Aufsicht[3]) der Handelskammer gestellt werden.

1. Aus dem Abgeordnetenhause heraus war der Vorschlag gemacht worden, es möchte statt der Worte „für den Handelsverkehr" die Worte „für die Interessen des Handels und der Industrie" gesetzt werden. Man begründete diesen Abänderungsvorschlag damit, daß es doch in den Bezirken der Handelskammern solche öffentliche Anstalten gäbe, welche sich zwar nicht direct auf den Handelsverkehr bezögen, aber doch in ihrer allgemeinen Bedeutung in eine feste Verbindung mit dem Institut der Handelskammer gebracht werden müßten, wenn sie dem Handel und der Industrie nützen sollten. Man erinnerte z. B. an Modellkammern, Sammlungen von Fabrikzeichen, Musterschulen und ähnliche Anstalten. Der Commissar der Regierung hielt eine solche Abänderung der Wortfassung nicht für zweckmäßig, weil eine Unterscheidung in dem gedachten Sinne (zwischen Handel und Industrie) practisch nicht durchführbar sei, und weil es richtiger sei, statt zwischen beiden einen Gegensatz zu construiren, sie unter dem einen Worte „Handel" zusammenzufassen. Um in dieser Beziehung aber für die Praxis kein Mißverständniß bestehen zu lassen, gab er im Namen der Staatsregierung die Erklärung ab, daß die Letztere die Fassung des Wortes „Handelsverkehr" in keinem engeren Sinne verstehe, als in dem, welches der Abänderungsvorschlag bezwecke; insbesondere sei nicht beabsichtigt, dem Worte „Verkehr", welches an „Handel" angeschlossen sei, eine besonders beengende Bedeutung beizulegen.
2. Als öffentliche Anstalten sind zunächst gedacht die Börsen; dieselben sind auch z. B. in Frankfurt a. M., Köln, Posen, Breslau, Düsseldorf und Essen den bez. Handelskammern unterstellt. In Berlin, Danzig, Elbing, Königsberg, Magdeburg, Memel, Stettin und Tilsit wird die Aufsicht von den dort bestehenden kaufmännischen Corporationen ausgeübt.
3. Gegen Beschlüsse der Handelskammer oder des Vorstandes einer kaufmännischen Corporation, durch welche die Erlaubniß zum Besuche der, der Aufsicht der Handelskammer oder kaufmännischen Corporation unterstellten Börse versagt, auf Zeit oder für immer entzogen, eine Beschwerde über unrichtige Einschätzung zu den Börsenbeiträgen zurückgewiesen, oder über einen Handelsmakler eine Ordnungsstrafe verhängt wird, findet, soweit nach der Börsen- oder Maklerordnung gegen dergleichen Beschlüsse der Rekurs an eine

Behörde zulässig ist, an Stelle desselben innerhalb zwei Wochen die Klage bei dem Bezirksausschusse statt. (Zust.-Ges. v. 1. Aug. 1883. § 137.)

Uebergangs- und Schlußbestimmungen.

§ 35.

Die Verfassungen und Einrichtungen der bestehenden Handelskammern sind mit diesem Gesetze in Uebereinstimmung zu bringen. Der Handelsminister hat die hierzu erforderlichen Anordnungen, insbesondere auch über den Sitz, die Bezirke und die Zahl der Mitglieder der einzelnen Handelskammern zu treffen. Bis zu den in Verbindung mit diesen Anordnungen zu bestimmenden Zeitpunkten bleiben für die bestehenden Handelskammern die über ihre Verfassungen und Einrichtungen ergangenen Gesetze, Verordnungen und sonstigen Bestimmungen in Kraft.[1])

1. Es handelte sich bei Einführung des Gesetzes zum Theil um vollständige Verschiebungen innerhalb der bereits bestehenden Handelskammern. So mußte die durch die Verordnung vom 11. Februar 1848 geschaffene Einrichtung der Stellvertreter durch entsprechende Vermehrung der Mitglieder ersetzt, dementsprechende Abänderungen einzelner Wahlbezirke vorgenommen, und namentlich mußten die in Hannover, Nassau und Frankfurt a. M. bereits bestehenden Handelskammern von Grund aus umgeformt werden. Der verschiedene Umfang dieser Reorganisationen ließ es gerechtfertigt erscheinen, den Zeitpunkt, mit welchem das neue Gesetz in Kraft treten sollte, für jede einzelne Handelskammer besonders und zwar nach dem Befinden des Handelsministers, zu bemessen.

§ 36.

Auf die zu Berlin, Stettin, Magdeburg, Tilsit, Königsberg, Danzig, Memel und Elbing bestehenden kaufmännischen Korporationen und auf das Kommerz-Kollegium zu Altona findet das Gesetz keine Anwendung.

Das Kommerz-Kollegium zu Altona besteht auf Grund eines landesherrlichen Erlasses seit dem 24. September 1738 und ist auch nach Aufhebung der übrigen in demselben Jahre errichteten Kommerz-Collegien in Wirksamkeit geblieben. Es ist zusammengesetzt aus 5—6 zu den angesehensten Kaufleuten gehörenden Mitgliedern, welche mit landesherrlicher Bestallung versehen sind, aus einem Vorsitzenden — früher in der Regel dem Präsidenten der Stadt Altona — und aus einem Syndikus als Protokollführer und Expedienten. Es hat sich wenigstens vierteljährlich zu versammeln und alljährlich, sowie bei besonderen Anlässen den betreffenden höheren Behörden zu berichten. Das Kollegium wird dem Magistrat als coordinirt angesehen und befindet sich im Besitze eines nicht unbedeutenden Vermögens. Auf Wunsch der Betheiligten hat das Gesetz vom 24. Februar 1870 den Bestand des Kollegiums nicht aufgehoben. Gegenwärtig wird es gleichwohl einer Umformung unterzogen, und liegen die entsprechenden Vorschläge bereits dem Preußischen Handelsministerium vor.

§ 37.

Die in diesem Gesetze den Regierungen zugewiesenen Funktionen werden von den Bezirksregierungen[1]) und, wo diese nicht bestehen, von den ihnen entsprechenden Landespolizeibehörden ausgeübt.

1. a) Den Bezirksregierungen sind keine Rechte mehr gegenüber den Handelskammern verblieben. Durch das Zuständigkeits-Gesetz vom 1. August 1883 sind die betreffenden Befugnisse zum Theil den Handelskammern (§§ 15, 17, 23) zum Theil dem Bezirksausschusse (§§ 11, 18, 19) zum Theil dem Handelsministerium (§ 24) überwiesen. Auf die Regierungs-Präsidenten sind schließlich noch ff. unwesentliche Befugnisse übergegangen:
   1) bei Errichtung von Handelskammern einen Wahlcommissar zu ernennen,
   2) Einsicht in den Etat der Handelskammern zu erhalten,
   3) die Genehmigung zu ertheilen, daß die Kostenbeiträge der Handelskammern der Gemeinde- oder Staatssteuerkasse überwiesen werden,
   4) Einsicht in die von der Handelskammer festgesetzte Geschäftsordnung zu nehmen,
   5) Handelsmäkler zu bestätigen.

   b) Gegen die Endurtheile des Bezirksausschusses ist nach § 138 des Zuständigkeits-Gesetzes vom 1. August 1883 nur das Rechtsmittel der Revision zulässig.

§ 38.

Unbeschadet der Bestimmung des § 35 treten außer Kraft:

die Verordnung über die Errichtung von Handelskammern vom 11. Februar 1848 (Gesetz-Samml. für die Königlich Preußischen Staaten S. 63),

die Verordnung über die Errichtung von Handelskammern vom 7. April 1866 (Gesetz-Samml. für das Königreich Hannover S. 99),

die Verordnung vom 17. Oktober 1863 (Verordnungs-Blatt des Herzogthums Nassau S. 307),

die Verordnung über die Organisation der Handelskammer der freien Stadt Frankfurt vom 20. Mai 1817 (Gesetz- und Statuten-Samml. 1 S. 113),

sowie die sämmtlichen zur Vollziehung und Ausführung dieser Verordnungen ergangenen Bestimmungen,

endlich alle allgemeinen und besonderen, den Vorschriften des gegenwärtigen Gesetzes entgegenstehenden Gesetze und Verordnungen.[1])

1. Eben so wenig wie das Gesetz Bestimmungen über die Selbstauflösung der Handelskammer enthält, giebt es einen Anhalt, was nach einer Auflösung mit dem vorhandenen Vermögen, den Bureauutensilien, den Acten u. s. w. geschieht. Diese Frage hat schon zu Unzuträglichkeiten geführt, die sich aber nach dem gegenwärtigen Rechtsstande schwer verhüten lassen. Es muß in einem solchen Falle als Pflicht, die zwar nicht auf dem Buchstaben aber auf der Wohlmeinung beruht, angesehen werden, daß eine Handelskammer vor ihrer definitiven Auflösung noch in einer letzten Sitzung über ihre Vermögensobjecte und ihr Inventar beschließt, namentlich aber auch Sorge trägt, daß ihre Acten nicht in private Verwendung gelangen oder verloren gehen. Da es an jeder Bestimmung in dieser Beziehung mangelt, werden die Handelskammern ihren Nachlaß wohl nicht besser regeln können, als daß sie ihr Vermögen an Geld und Utensilien gemeinnützigen Anstalten zuweisen, ihre Acten aber entweder vernichten oder, was vorzuziehen ist, einer Behörde ihres Bezirkes, die sich zur Bewahrung derselben bereit erklärt, überweisen.

Wenn auch zu erwarten steht, daß bei der stetig zunehmenden Bedeutung und dem wachsenden Bestreben der Preußischen Handelskammern, ihren Bezirk auszudehnen, der Fall der Auflösung kaum noch, oder nur ganz ausnahmsweise einmal eintreten wird, so würde es doch vielleicht auch zweckmäßig sein, wenn in solchem Falle, da es sich doch immerhin um ein Vermögen öffentlich rechtlichen Characters handelt, Seitens des Handelsministers die erforderlichen Cautelen für die Sicherung des Nachlasses getroffen würden. In welcher Weise vorhandenes Vermögen, die Bibliothek, die Bureaueinrichtung und die Acten im Falle einer Spaltung einer Handelskammer oder Abtrennung eines Theiles derselben zu vertheilen sind, läßt sich im Voraus nicht bemessen. Wo ein solcher Fall eintreten sollte, würde unseres Erachtens eine Entscheidung hierüber gleichzeitig mit der Einreichung des entsprechenden Gesuches von dem Handelsminister unter Darlegung des Sachverhaltes zu erbitten sein.

Urkundlich unter Unserer Höchsteigenhändigen Unterschrift und beigedrucktem Königlichen Insiegel.

Gegeben Berlin, den 24. Februar 1870.

(L. S.)

Wilhelm.

Gr. v. Bismarck-Schönhausen. v. Roon. Gr. v. Itzenplitz. v. Mühler. v. Selchow. Gr. zu Eulenburg. Leonhardt. Camphausen.

Anhang.

I.

Auszüge aus den Kommissionsberichten, Landtags- und Reichstagsverhandlungen über die Bedeutung der Handelskammern und über einige dieselben betreffende Fragen.

---

a) Allgemeine Urtheile über die Handelskammern.

„Bei der generellen Diskussion des Gesetzentwurfs machte sich gleich wie in der vorjährigen Kommission, überwiegend die Ansicht geltend, daß es im Allgemeinen nicht als eine Nothwendigkeit oder auch nur als eine Sache von zweifelhafter Nützlichkeit angesehen werden könne, die Vertretung einzelner Erwerbsstände, die Geltendmachung wirthschaftlicher Interessen durch gesetzlich angeordnete Organe zu regeln, daß vielmehr solchen Berufszweigen in dem Rechte der freien Vereinigung bereits eine genügende Gewähr gegeben sei, ihre Wünsche und Ansprüche dem Lande, der Staatsverwaltung und der Gesetzgebung gegenüber selbstthätig zur gebührenden Anerkennung zu bringen. Indessen dieser abstrakten Negative eines legislativen Einschreitens treten gerade in der speziellen Beziehung auf den Handel und die demselben verwandten Gewerbe überwiegende positive Momente entgegen, welche die einfache ablehnende Haltung unthunlich machen. Es ist dies namentlich die nothwendige Rücksicht auf die geschichtliche Entwickelung, welche die Institution der Handelskammern nun einmal bei uns genommen hat. Die von Frankreich überkommene Einrichtung, von Staatswegen sanktionirter Handelskammern, besteht in Preußen schon länger als seit einem halben Jahrhundert, schon vor 20 Jahren ist bei uns eine besondere Gesetzgebung hierüber in Kraft getreten, und auf Grund derselben hat sich ein Netz von Handelskammern über den ganzen Staat verbreitet. Dies ist ein historischer Vorgang, dies sind geschichtlich geschaffene, konkrete Verhältnisse, über welche vor Allem nicht hinweggesehen werden darf. Ein anderer Gesichtspunkt tritt noch hinzu. Ist eine legislative Anordnung von Handelskammern keine Nothwendigkeit, so ist ihr doch vorzugsweise das Zugeständniß der Nützlichkeit und selbst eines relativen Bedürfnisses nicht zu versagen. Denn es kann nicht in Abrede gestellt werden, daß wegen der tiefgreifenden Mannigfaltigkeit und Verschiedenheit, welche die lokale Gestaltung und die lokalen Interessen gerade des Großhandels und der Großindustrie in den verschiedenen Gegenden charakterisiren, es auch für die Staatsregierung von nicht zu unterschätzendem Werthe ist, für diese Zweige der Volkswirthschaft geeigneter Organe versichert zu sein, welche den jeweiligen Gang und Stand der Gewerbethätigkeit bezeugen und den Anliegen derselben an Staatsverwaltung und Gesetzgebung treffenden Ausdruck geben. Muß nun zugleich anerkannt werden, daß diese geschichtlich erwachsenen und festgewurzelten Institute — wie namentlich von erfahrungsreicher Seite in Mitte der Kommission betont wurde — dem öffentlichen Wesen auch in Wirklichkeit mannigfachen Nutzen gestiftet haben und dem Handelsstande sehr werth geworden sind, so muß jenes prinzipielle Bedenken gegen eine Befassung der Gesetzgebung mit diesem Gegenstande um so mehr zurücktreten."

(Aus dem Kommissionsberichte des Abgeordnetenhauses vom 25. Oct. 1869.)

„Ich muß auf das Bestehen der Handelskammern meinerseits zu meiner Information ein Gewicht legen, meine Herren, und zwar in doppelter Beziehung: erstlich, daß die Herren berufen und durch den Jahresbericht auch gewissermaßen verpflichtet sind, mir Ihre Anträge, Wünsche, Beschwerden vorzutragen. Das ist aber nur die eine Seite der Sache; ich muß auch wissen, wenn ich fragen soll, wenn ich über eine neue Angelegenheit — die in der Industrie jetzt alle Tage auftauchen, meine Herren — auch noch andere Leute hören will, als blos die Beamten. Die Beamten haben gewiß, mit allem Respekt von ihnen zu reden, soviel Einsicht als wünschenswerth ist; aber es ist doch sehr nützlich, neben ihnen auch die zu hören, die selber die Interessen vertreten, die selber das Gewerbe betreiben: das giebt die Ansicht von der anderen Seite, meine Herren, und daraus erwächst eine reifere Beurtheilung. Also ich muß eine Stelle haben — und ich lege Werth darauf — die ich fragen kann, und die berufen ist zu einer Antwort. Außerdem, glaube ich, spricht auch gegen den Antrag des Herrn Richter, daß gerade andere Zweige der Industrie den entgegengesetzten Gang gehen. Die Handwerker sagen: Ihr habt Handelskammern, wir wollen auch Handwerkerkammern haben. Ob es nun nützlich und wie es möglich sei, die Handwerkerkammern zu organisiren, darüber will ich mich hier nicht äußern; ich glaube, das gehört nicht zur Sache. Aber die Thatsache ist richtig, und wir haben auch schon von dem Herrn Referenten davon gehört. Ebenso verlangen auch die Ackerwirthe jetzt schon sehr dringend danach, sie wollen Ackerbaukammern haben. Nun, meine Herren, wenn die Gewerbetreibenden Handwerkerkammern haben wollen, und die Landwirthe Ackerbaukammern, dann schließe ich daraus, daß doch die Handelskammern für Kaufleute und für den Handel nicht so ganz überflüssig sind. Außerdem, meine Herren, beschränken ja aber auch die Handelskammern keineswegs andere freie Vereine über dieselben Gegenstände. Ich kann Ihnen ein Beispiel citiren. In Breslau besteht neben der Handelskammer ein Verein von Kaufleuten, welcher sich beräth, Sitzungen hält und häufig mir seine Bemühungen mittheilt, die ich eben so gut erwäge, wie die der Handelskammer. Also, wenn man an einem Ort es für nöthig hält, neben der Handelskammer noch einen besonderen Verein zu gründen und im Namen dieses Vereins hier Anträge zu stellen oder Beschwerden vorzubringen, so steht das Jedem frei, und ich werde sie eben so gut erwägen, wie die anderen. Wenn nun die Ansicht des Herrn Abgeordneten Richter so allgemein verbreitet wäre, so brauchten ja nur die bestehenden Handelskammern oder die Körperschaften, aus welchen sie hervorgehen, hier Anträge zu formiren, man möge sie doch in Ruhe lassen. Solche Anträge sind aber nicht gekommen. Dagegen aber, meine Herren, habe ich auch in neuester Zeit noch Anträge aus solchen Gegenden bekommen, wo keine Handelskammern sind und wo die Städte darauf angetragen haben, man möge ihnen doch auch eine

Handelskammer geben. Also, das scheint auch gegen die Ansicht des Herrn Abgeordneten Richter zu sprechen.

Wenn nun endlich der Herr Abgeordnete Richter auch noch gesagt hat, die Handelskammern dienten dazu, um Anträge und Wünsche nach Titel und Orden herbeizuführen — ja, meine Herren, das ist eine allgemeine Krankheit, die klebt nicht blos an den Handelskammern; derartige Anträge und Wünsche kommen von allen Seiten. Endlich, meine Herren, wenn neben den Handelskammern auch die Arbeitervereine mir solche Eingaben machen und Berichte erstatten — ja, meine Herren, das steht ihnen ja alle Tage frei und ich würde sie auch ganz gewiß erwägen. Dem also sind die Handelskammern auch nicht hinderlich. Wenn der Abgeordnete Richter gesagt hat: die Bergleute sollten jetzt zuerst durch dies Gesetz in die Handelskammern eingeführt werden, so ist das nur theilweise richtig, denn in mehreren Gegenden, wo der Bergbau immer schon eine sehr große Rolle gespielt hat, da haben sie auch schon bisher an den Handelskammern theilgenommen.

Nun also, wenn ich aus allen diesen Gründen zu dem Konklusum komme, daß ich wünschen möchte, wir lassen nicht nur die Handelskammern bestehen, sondern verbessern sie, so muß ich einen besonderen Werth darauf legen, auch bei diesem Gesetz, daß die Organe und die Genossenschaften, von welchen die Handelskammern ausgehen, welche mir ihre Wünsche, Beschwerden und Urtheile mittheilen, in allen Theilen der Monarchie gleichartige seien. Das ist aber bis jetzt nicht der Fall. In der einen Provinz ist es so, in der anderen ist es anders und da erhalte ich also Urtheile von verschiedenartigen Körperschaften. Zum Beispiel in Hannover giebt es so außerordentlich viele kleine Handelskammern, daß ich glaube, daß sie nach Erlaß dieses Gesetzes theilweise ihre Wirksamkeit einstellen werden, und daß dagegen größere entstehen, die dann einen weiteren Gesichtskreis haben werden.

Wenn der Herr Abgeordnete Richter der früheren Gewerberäthe gedacht hat, so hatte das einen bestimmten Grund, warum die nicht lebensfähig waren, nämlich, weil das Gesetz über die Gewerberäthe zu den Handwerkern auch die Kaufleute mit hineingebracht hat, und das waren verschiedene Interessen, die ihre besondere Vertretung verlangten, und deshalb sind die so zusammengesetzten Gewerberäthe gestorben — ich habe die letzten noch begraben helfen, z. B. hier in Berlin.

Aus allen diesen Gründen, meine Herren, möchte ich Sie bitten, diesen Antrag zu verwerfen und außerdem auch wegen der Anträge über die Gewerbe- und die Handwerkskammern dieses Gesetz nicht aufzuhalten. Jene Sache die ist sehr wichtig, sie muß besonders behandelt werden. Aber sie wird unendlich schwierig werden. Ich will hier nur darauf hindeuten, daß nach der jetzigen Gesetzgebung die Handwerker sich in zwei wesentliche große Schichten theilen: in solche, die in den Vereinen sind und in solche, die außer den Vereinen stehen und diese beiden in einen Wahlkörper zu versammeln, wird sehr schwierig sein und nur von dem einen oder von dem anderen wählen zu lassen, wird meines Erachtens unmöglich sein. Also wegen dieser zu erstrebenden, demnächst zu erwägenden Dinge möchte ich bitten, diese Sache, die ihren praktischen Nutzen hat, nicht aufzuhalten."

(Aus der Rede des Handelsministers Grafen v. Itzenplitz im Abgeordnetenhause. Sitzung vom 14. Januar 1870.

„Ich gebe zu, daß die freie Vereinigung ein mächtiges Mittel ist, um Interessen zu vertreten; ich halte es aber doch für sehr zweifelhaft, ob dabei eine solche Vertretung herauskommt, in welcher verschiedene Interessen miteinander ausgeglichen und versöhnt und die höheren Gesichtspunkte gefunden werden. Jede Interessenvertretung drängt zu einer Specialisirung der Vertretung und zu einem schärferen Aussprechen des Egoismus. Ich erinnere an alle diejenigen Vereinigungen, die etwas Erhebliches geleistet haben — sie sind uns vorhin als Muster genannt worden — und frage, ob durch sie allemal ein ganz bestimmter materieller Zweck durch Einwirkung auf die Staatsregierung, auf die öffentliche Meinung, u. s. w. und zwar durch Bekämpfung anderer Zwecke erzielt worden ist. Wollte man die Deputirten solcher Vereinigungen zusammentreten lassen, etwa zu einem Landeshandelsrathe oder wie Sie das Ding nennen wollen, so würde man ein viel ärgeres Durcheinander, eine viel größere Zerfahrenheit finden, als jemals bei dem Zusammenwirken von Handelstagen, selbst auf dem deutschen Handelstage hervorgetreten ist."

Ich bin vollkommen damit einverstanden, daß die Handelskammern verhältnißmäßig nicht gerade sehr viel geleistet haben; aber woran liegt das? Liegt es an den Elementen, aus denen sie zusammengesetzt sind? Ich glaube zu den freien Vereinigungen würde man doch im großen Ganzen auch kein anderes Personal gewinnen können, als jetzt in den Handelskammern vertreten ist. Ich bin deshalb sehr geneigt, die Mängel und die Fehler der Handelskammern in der mangelhaften, unzureichenden Verfassung zu suchen. An Eins will ich aber doch erinnern, daß der deutsch-französische Handelsvertrag, der dieses Haus, der unsere Staatsregierung, der alle Freunde des Fortschritts so sehr beschäftigt hat, wesentlich dadurch zu Stande gekommen ist, daß insbesondere das Vorurtheil, das in Süddeutschland — künstlich sage ich allerdings — gegen den Vertrag genährt worden war, durch den deutschen Handelstag in München beseitigt worden ist, und der Handelstag bestand nur aus Vertretungen der Handelskammern, mit verschwindend geringen Ausnahmen von einem oder zwei freien Vereinen, die dort auch vertreten waren. Es ist also doch nachzuweisen, daß trotz mangelhafter Organisation etwas geleistet ist. Auch will ich es durchaus nicht gering anschlagen, daß das Handelskammer-Institut für die Statistik wenigstens das leistet, daß es das Bedürfniß der Statistik den Leuten zum Bewußtsein bringt.

Ich sehe von den mangelhaften Jahresberichten ab, in denen oft ganz wunderliche Sachen stehen, diese Unrichtigkeiten sind aber auch wieder nicht Schuld der Handelskammern, sondern sie kommen daher, daß es noch Kaufleute und Fabrikherren giebt, die ein Interesse daran zu haben glauben, die Unwahrheit zu sagen oder, was mir jetzt in dem jüngsten Heft der ministeriellen Zeitschrift für Bergbau-, Hütten- und Salinenwesen aufgefallen ist, jede Auskunft zu verweigern.

Außer der mangelhaften Verfassung, giebt es hin und wider einen Uebelstand, den ich dem Herrn Handelsminister ganz besonders ans Herz legen möchte; nämlich ich glaube, daß manche Handelskammern einen viel zu engen Bezirk haben. Dadurch wird es dann schwierig, die richtigen Leute zu wählen, und durch die lokale Einmengung entsteht auch ein lokaler und beengter Gesichtskreis. Diese Dinge sind aber nebensächlich; sie allein geben nicht das Recht, die ganze Sache zu verurtheilen. Die Handelskammern haben sich zur

Zeit noch nicht überlebt. Ich bezweifle gar nicht, daß sie mit der Zeit überflüssig werden; heute steht's noch so, daß der Kaufmannsstand sie für nöthig hält; daß er glaubt, daß sie erst ein rechtes Leben gewinnen können, wenn Raum und Bewegung dazu gegönnt wird.

Ich bin der Ansicht, man soll in allen solchen Fällen jedem Individuum, also auch diesen hart getadelten Handelskammern, Gelegenheit geben, sich zu bessern!"

(Aus der Rede des Landtagsabgeordneten Dr. Becker im Abgeordnetenhause, Sitzung vom 14. Januar 1870.)

„Ich sage mit dem Herrn Abgeordneten für Dortmund: wenn die Handelskammern bis jetzt wenig geleistet haben, so ist dies lediglich eine Folge der seitherigen mangelhaften Organisation, und es ist die Pflicht der gesetzgebenden Körper dieses Landes, diese mangelhafte Organisation zu beseitigen, ein verbessertes, erweitertes Statut zu erlassen und dann dem Institut Gelegenheit zu geben, zu zeigen, was es leisten kann. Man erwidert mir von der Gegenseite: ja das freie Vereinsrecht kann doch ganz das Nämliche schaffen. Ich antworte darauf: ist denn aber das „freie Vereinsrecht" wirklich so vorzüglich bei uns? Ist es so ausgebildet, daß wir bestehende Korporationen, wie die Handelskammern, deshalb nun aufheben sollten? Ich habe bis dahin in diesem Hause und an anderen Orten noch niemals großes Lob über das bestehende Vereinsrecht gehört; im Gegentheil, der Herr Abgeordnete Schulze hat im Reichstage, wie Ihnen bekannt ist, einen sehr wichtigen Antrag eingebracht, um dasselbe gründlich zu reformiren. Sind denn auch, so frage ich weiter, die jetzt bestehenden großen Gesellschaften einzelner Berufskreise die wirkliche Repräsentation derselben? Meine Herren, bei aller Anerkennung dessen, was durch dieselben geleistet ist und noch in ihnen geleistet werden kann — ich sage, wahrhafte Repräsentationen der Gesammtheit sind sie nicht; Sie werden niemals den Anwaltstag, der vor etwa 14 Tagen hier versammelt war und in dem die Berliner Anwälte die Majorität bildeten, als eine Repräsentation der ganzen Preußischen Anwaltschaft ansehen können. Verlegt man einen der großen Wandervereine, den Verein der Land- und Forstwirthe, den Verein der Aerzte, den Handelstag, den Juristentag nach Süddeutschland, so folgt ganz naturgemäß, daß er von Süddeutschen mehr besucht wird, und daß die süddeutschen Interessen dort prävaliren; hält man die Versammlung dagegen in Norddeutschland ab, so ist ebenso naturgemäß das Umgekehrte der Fall. Meine Herren, ich glaube, alle diese freien Vereinigungen — ich wiederhole noch einmal, daß ich ihre seitherigen Leistungen durchaus anerkenne — sie sind als communio incidens, nicht als wirkliche Vertretungen anzusehen."

(Aus der Rede des Landtagsabgeordneten **Berger** (Witten) im Abgeordnetenhause, Sitzung vom 14. Januar 1870.)

„Die Anschauung der Handelskammern als einer liberalen Institution, hat auch eine gewisse historische Berechtigung. In einer Zeit, wo auf volkswirthschaftlichem Gebiet es noch keine Presse gab, wo ein freies entwickeltes Vereinswesen auf diesem Gebiet noch nicht bestand, mochte es für den Anfang des Liberalismus gelten, wenn es wenigstens kleinen auserlesenen Zirkeln potenter Handelsleute gestattet war, über gewisse volkswirthschaftliche Angelegenheiten auf Anforderung der Behörde sich zu unterhalten und das Ergebniß ihres Meinungsaustausches in Form von Protokollauszügen in die damals von der Zensur überwachte Presse zu bringen. Die Staatsregierung hat keineswegs beabsichtigt, als sie zu jener Zeit die Einrichtung von Handelskammern allgemeiner machte und unterstützte, liberalen Ideen Vorschub zu leisten. Es herrschte zu jener Zeit das Bestreben, kleineren Interessentenkreisen Sondervertretungen, Scheinvertretungen zu geben und dadurch ihr Interesse abzulenken von den immer ungestümer hervortretenden Forderungen nach einer allgemeinen Volksvertretung. Auch die Büreaukratie hatte damals an der Einrichtung der Handelskammern ein nicht zu leugnendes Interesse. In jener Zeit begann die Entwickelung von Handel und Industrie ganz neue Bahnen einzuschlagen, allerorts entstanden Fabriken, Eisenbahnen wurden gebaut, Dampfschifffahrtslinien eingerichtet, Bankkomptoire, Versicherungsanstalten rc. gegründet. Ueber alle diese Dinge besaßen die Behörden damals noch keine Vorakten. Die Herren Regierungsräthe fanden auch in ihren alten Kollegienheften keine Formeln für ihr Verhalten diesen Erscheinungen der Zeit gegenüber; in dieser Verlegenheit wendete man sich dann nach Frankreich, dem Lande, von dem man schon seit 1820 gewohnt war, das Muster für neue Verwaltungseinrichtungen herzunehmen. So wurden die Handelskammern geschaffen.

So fand man denn in Preußen in der französischen Institution der Handelskammern das Mittel, ohne der Lehre vom beschränkten Unterthanenverstande etwas zu vergeben andererseits dem beschränkten Regierungsverstande zu Hülfe zu kommen."

(Aus der Rede des Abgeordneten Richter-Königsberg im Abgeordnetenhause. Sitzung vom 14. Januar 1870.)

---

b) Corporationsrechte.

„Einen Antrag, den Handelskammern Corporationsrechte beizulegen, hat die vorjährige Kommission abgelehnt, und auch die diesjährige Kommission konnte sich denselben nicht zu eigen machen. Sie mußte sich den früheren Ausführungen dahin anschließen, daß ein Bedürfniß zu einer solchen generellen Beilegung privatrechtlicher Persönlichkeit an die Handelskammern bisher im Laufe der vielen Jahre nicht praktisch hervorgetreten auch nicht a priori nachweisbar sei. Es wird keine Handelskammer an und für sich Schwierigkeit gefunden haben, zur Erfüllung ihrer Geschäftsaufgabe in Rechtsverhältnisse einzutreten und diese wirksam durchzuführen. Wenn ferner nach der Besonderheit einzelner Fälle in Wirklichkeit der Besitz juristischer Persönlichkeit für die Geschäftsverwaltung einer Handelskammer sich dringlich erweisen sollte, so wird die Verleihung dieses Rechts gewissermaßen erfolgen, wie für so viele Stiftungen, Anstalten ꝛc., welche dessen bedürfen. Stehen nun außerdem dem Handelsstande alle die verschiedenen Formen des gesellschaftlichen Zusammenwirkens, welche unsere Gesetzgebung und zwar auch mit den Befugnissen juristischer Persönlichkeit kennt, offen, — darf man ferner erwarten, daß in dem Sinne des Gesetzentwurfs, welchen der Reichstag in seiner Sitzung vom 21. Juni d. J. angenommen hat, die volle privatrechtliche Geschäftsfähigkeit der Vereine jeder Art über kurz oder lang anerkannt werden wird, so wird man doch in der That Anstand nehmen müssen, eine gerechtfertigte Veranlassung dafür einzuräumen, daß die Gesetzgebung zu einer Neuerung auf diesem Gebiete lediglich zu Gunsten der Handelskammer gedrängt werde.

Wenn zur Unterstützung des beregten Anspruchs namentlich auf die den kaufmännischen Korporationen, wie solche in Berlin, Danzig und anderen Handelsstädten bestehen, konzedirte Befugnisse hingewiesen wird, so spricht gerade dieses Beispiel eher gegen, als für den Antrag. Man scheint sich den Unterschied der kaufmännischen Korporationen und der Handelskammern nicht genugsam vergegenwärtigt zu haben. Es haben nämlich die unter jenem Namen konstituirten „Gesellschaften von Kaufleuten und Gewerbetreibenden" eben recht wesentlich auch eine bedeutende vermögensrechtliche Bestimmung, welche an und für sich nicht in der Aufgabe der Handelskammer liegt. Die Statuten pflegen als Gegenstand des Geschäftskreises der kaufmännischen Korporationen ausdrücklich aufzuführen:

> „Das besondere Vermögen und die Rechte, welche der Korporation aus Grundstücken, Kapitalien, Mobilien und Stiftungen zukommen."

Ein solches Vermögen und solche Rechte besitzen die kaufmännischen Korporationen nicht als Nachfolger alter Zünfte und Gilden, sondern auch von Neuem fließen ihnen aus den erheblichen Eintrittsgeldern, deren Betrag bis zu 30 Reichsthaler und mehr steigt, sowie aus deren unbeschränktem Besteuerungsrechte Einnahme-Quellen zu, welche die Handelskammern nicht haben, noch haben dürfen, weil dies mit der Verpflichtung aller Handeltreibenden des Bezirks

Beiträge zu leisten nicht vereinbar sein würde, während die kaufmännischen Korporationen gegenwärtig wenigstens, lediglich auf dem ganz freiwilligen Beitritt der Betheiligten beruhen.

Fügt man noch hinzu, daß in jenen Handelsstädten, für welche die kaufmännischen Korporationen bestehen, auch in der That ein Sinn genossenschaftlicher Zusammengehörigkeit, ein Gemeingeist lebt, wie ihn die meisten nur lose zusammenhängenden Handelskammer-Verbände nicht haben können, so wird man die beabsichtigte Gleichstellung der beiden Körperschaften für verfehlt ansehen müssen."

(Aus dem Kommissionsberichte des Abgeordnetenhauses vom 25. October 1869.)

---

c) Wählbarkeit.

„Die Frage, ob und welchen Bedingungen die Wählbarkeit unterliegen soll, wurde sehr eingehend diskutirt.

Einerseits sprach man sich gegen jede Beschränkung aus und beantragte die gänzliche Streichung dieses Paragraphen. — Gerade bei diesem Punkte müsse sich das praktisch beweisen, was in der allgemeinen Diskussion mehrfach betont worden, daß nämlich die Handelskammern ihrem Wesen nach nur die gesetzlich ausgeprägte Form für die autonomische Vertretung der Handelsinteressen sein sollen. Der Staat habe für die Zusammensetzung der Handelskammern vor Allem Eins zu wünschen, daß nämlich die höchste Fach- und Sachkunde in ihnen vertreten sei, und eben dieses müsse vernünftiger Weise doch auch der lebhafteste Wunsch der Wähler sein. Wenn die Gesetzesvorlage auf eine Bestimmung über das Erforderniß des unbescholtenen Rufes verzichte, weil — wie die Motive sagen — man das Vertrauen in den

Handelsstand setzen müsse, er werde seine Wahl nur auf Persönlichkeiten lenken, welche sich im Besitze der allgemeinen Achtung befinden, — wie könne man andererseits Zweifel darin hegen wollen, ob der Handelsstand auch genugsam an seine Interessen denken werde, um seine Vertretung nur bei Männern von gereifter Einsicht und voller Fachkenntniß zu suchen? Natürlich sei bei voller Freiheit der Wahl die Möglichkeit von Mißgriffen, um irgend einen Procentsatz größer, doch gegen solche Mißgriffe würde baldigst eine wohlthätige Reaktion eintreten, und deshalb erscheinen sie minder bedenklich, als daß durch positive Einschränkungen des Gesetzes eine tüchtige Kraft gänzlich von dem Eintritt in die Handelskammern zurückgehalten werde.

Man wolle nicht behaupten, daß die in der Regierungsvorlage gestellten Bedingungen der Wählbarkeit an und für sich unzweckmäßig seien; nein, im Gegentheil, sie brauchten gar nicht vorgeschrieben zu werden, um dennoch regelmäßig beachtet zu werden, weil ein Alter von 30 Jahren, der Wohnsitz und ein fünfjähriger Geschäftsbetrieb im Bezirke der Handelskammer sich unwillkürlich als thatsächliche Voraussetzungen der Wahl geltend machen werden, von denen man sicherlich nur dann abgehen werde, wenn ein Mangel jener natürlichen Bedingungen durch anderweite Eigenschaften reichlich aufgewogen werde.

Es wurde auch darauf hingewiesen, daß es dem Handelsstande sehr schätzbar sein könne, sich die bewährte Kraft und Einsicht eines Veteranen des Comptoirs oder der Fabrik, welcher sich von der unmittelbaren Betheiligung an dem Geschäfte zurückgezogen habe, in seiner Vertretung zu erhalten, während dies durch die Regierungsvorlage ausgeschlossen werde. Frankreich räume in seinen Handelskammern neben den négotians mit wohlbewußter Absicht auch den anciens négotians eine Stelle ein. Das Hauptgewicht legten endlich die Vertreter dieser Ansicht darauf, daß man grundsätzlich jedem entbehrlichen Reglementiren der Gesetzgebung, namentlich auf Gebieten, die ihrer Natur nach der Selbstbestimmung angehören, entgegentreten müsse.

Der Herr Regierungskommissar erwiderte hierauf, daß für die Staatsregierung die Beseitigung aller Schranken der Wählbarkeit nicht annehmbar, vielmehr die unveränderte Beibehaltung der proponirten Gesetzesvorschriften von entschiedenem Werthe sei, um dadurch eine Garantie für die geschäftliche Reife und Erfahrung der Handelskammer-Mitglieder zu bewahren. Die gänzliche Streichung dieser Bestimmungen würde weit über diejenigen Reformanträge hinausgehen, welche aus dem Schoße der Handelskammern selbst, also der zur Sache am meisten Berufenen laut geworden wären. Der Erfolg könne nur zu leicht der sein, daß statt einer soliden Kenntniß der lokalen Zustände und Interessen und eines gewiegten Urtheiles über die speziellen Bedürfnisse derselben sich mehr litterarisch gebildete Kräfte in die Handelskammern eindrängen und den Hauptwerth derselben, getreue Organe des Handels- und Gewerbestandes der bestimmten Gegend zu sein, schmälern würden. Es könne natürlich nicht die prinzipielle Nothwendigkeit gerad eines 30jährige Alters oder gerade 5jährigen Geschäftszeit als ein absolutes Minimum dargethan werden, — alle solche Grenzziehungen hätten etwas Willkürliches, es käme dabei nur darauf an, die große Regel richtig zu treffen, und daß dies der Fall sei, hätten auch die Vertreter der vollen Wahlfreiheit anerkannt. — Insbesondere müsse auch der Meinung widersprochen werden, daß es zu bedauern sein würde, wenn die Veteranen des Handels- und Gewerbestandes, welche sich von der unmittelbaren Betheiligung am Geschäfte zurückgezogen hätten, von der Wählbarkeit ausgeschlossen wären. Denn diese „Kaufleute außer Dienst" ständen doch nicht mehr mitten im Strome des Verkehrs, und — die Möglichkeit seltener Ausnahmen vorbehalten — ginge ihnen allmählich die Fühlung mit dem geschäftlichen Leben verloren. Wenn übrigens noch der Einwand erhoben sei, daß nach der Fassung des Entwurfs es scheine, als wenn die 5jährige Dauer der Eintragung ins Handelsregister gerade für die augenblickliche geschäftliche Qualität des Kandidaten gefordert werde, so läge dies nicht in der Absicht, sondern es solle eine Gesammtzeitdauer von 5 Jahren auch bei verschiedenartigen Eintragungen genügen.

Endlich erklärte der Herr Regierungskommissar auf Befragen, daß, wie Prokuristen als solche nicht wahlfähig seien, so auch ihre Eintragung in dieser Eigenschaft nicht mitgerechnet werden solle.

Nach mehrseitigem Austausche der entgegengesetzten Ansichten wurde von der Kommission die gänzliche Streichung dieses Paragraphen abgelehnt, dagegen beschlossen:

a) das Erforderniß des Lebensalters auf 25 Jahre herabzusetzen (mit allen Stimmen gegen 4),

b) von jeder Zeitdauer der Eintragung in das Handelsregister beziehungsweise der Geschäftsbetheiligung abzusehen (mit allen Stimmen gegen 3)."

(Aus dem Kommissionsberichte des Abgeordnetenhauses vom 14. Februar 1869.)

d) Jahresbericht.

„Meine Herren! Als der Bericht der Handelskammer in Grünberg in meine Hände gelangte, zu einer Zeit, wo ich vorübergehend den Herrn Handelsminister vertrat, da bin ich in der That auf das äußerste erstaunt gewesen, wie man nach dem thatsächlichen Material, welches in diesem Handelskammerberichte gegeben war, zu den Urtheilen hat kommen können, die über die allgemeine Lage von Handel und Industrie in dem Bericht niedergelegt sind. Meine Herren! Wenn fast auf allen Gebieten der wirthschaftlichen Thätigkeit in jedem Kapitel des Berichts Fortschritte verzeichnet sind, auf Grund der Thatsachen, die der Kammer aus den einzelnen Betrieben berichtet waren, so ist es doch mindestens auffallend, wenn nun in dem allgemeinen Theile dieses Berichts gesagt wird: Handel und Industrie liegen nach wie vor darnieder, und daran ist niemand anders Schuld, als der Fürst Bismarck mit seiner Wirthschaftspolitik. Meine Herren! Die Handelskammern sind Organe der Staatsverwaltung, sie haben die Verpflichtung, wahrheitsgetreu und objektiv zu berichten, und wenn die Handelskammern dieser Verpflichtung nicht nachkommen, so ist es nicht bloß das Recht, sondern auch die Pflicht des vorgesetzten Ministers, sie auf ihre Obliegenheiten hinzuweisen.

Meine Herren! Die Handelskammern arbeiten nicht pro nihilo, sie sollen uns das Material an die Hand geben, um bemessen zu können, wie die wirthschaftlichen Maßregeln der Regierung wirken; sie sind berechtigt, uns ihre Wünsche vorzutragen, sie sind berechtigt und verpflichtet, uns auf die Schäden aufmerksam zu machen, sie können sich aber dabei — und vielleicht wäre das das allerbeste — jedes Urtheils darüber enthalten, wie sie sich aus den ihnen bekannt gewordenen Thatsachen das Gesammtbild der Entwicklung der wirthschaftlichen Verhältnisse denken.

Meine Herren! Ich werde die Ehre haben, Ihnen das mit ein paar Worten näher darzulegen. Was kann es uns nützen, und was kann es Ihnen nützen, wenn Ihnen über die thatsächlichen Zustände im Lande Mittheilungen gemacht werden, daneben ein Urtheil zu vernehmen, welches Sie mit diesen thatsächlichen Unterlagen in irgend welcher Verbindung und Beziehung zu bringen außer Stande sind?

Was kann es uns nützen, wenn schön gefärbt oder schwarz gemalt wird in einem Urtheil, und man, wenn man die Seite umschlägt, sieht, daß diese Schönfärberei oder Schwarzmalerei in den thatsächlichen Unterlagen auch nicht den mindesten Anhalt findet.

Solche Berichte sind nichts werth; da ist mir viel lieber, wenn einfach die Thatsachen gegeben werden, die sich über die Verkehrsverhältnisse ermitteln lassen und gar kein Urtheil gefällt, sondern dem Leser überlassen wird, was er sich für einen Schluß aus den Thatsachen ziehen will.

Meine Herren! Ich habe, wie gesagt, über die Verpflichtung der Handelskammern zu einer objektiven Berichterstattung die soeben von mir vorgetragene Auffassung, und ich freue mich, daß diese Auffassung auch in dem weiteren Kreise des deutschen Handelstages bereits anfängt, durchzudringen; ich freue mich, daß der deutsche Handelstag dazu übergegangen ist, eine Zusammenstellung aus den Handelskammerberichten zu fertigen, welche sich aller subjektiven Urtheile enthält und uns nur Thatsachen und Wünsche bringt.

Solche Zusammenstellungen haben in der That einen Werth; das subjektive Urtheil des Handelskammersekretärs aber, oder des Schreibers, der den Bericht verfaßt hat, welches dann den übrigen Mitgliedern der Handelskammer vorgelesen wird, die dazu Ja sagen, hat keinen Werth."

(Aus der Rede des Bundesrathsbevollmächtigten, Direktor im Reichsschatzamt Burchard im Reichstage, Sitzung vom 16. Dezember 1881.)

---

e) Kostenaufwand.

„Die §§ 20—26 der Vorlage normiren das wirthschaftliche und Finanzrecht der Handelskammern.

a) Nach Ansicht der Kommission wird hierbei einmal zu sehr ins Einzelne gegangen, andererseits werden die Grenzen zu enge gezogen und die gerechten Ansprüche auf diejenige Selbständigkeit, welche der Großhandel und die große Fabrikindustrie für das eigene geschäftliche und finanzielle Ermessen ihrer Vertreter billiger Weise erwarten müssen, nicht genugsam berücksichtigt.

Die Kommission hält es für nöthig, hier an die Spitze das allgemeine Zugeständniß zu stellen, daß die Handelskammern selbständig über den für die Erfüllung ihrer Zwecke erforderlichen Kostenaufwand zu beschließen und ihre Kassen und Rechnungswesen zu ordnen habe;

ferner von der Hinweisung auf die Geschäftsräumlichkeiten, welche die Gemeinde des Handelskammersitzes gewähren könnte, ganz abzusehen, weil dies in der Praxis doch immer nur Sache des guten Willen der Gemeinde bleiben würde; —

ebenso lediglich die Möglichkeit, nicht die Nothwendigkeit der Benutzung einer öffentlichen Kasse, und zwar nach freier Wahl entweder der Gemeindekasse oder der Staatssteuerkasse, für die Rendantur der Handelskammer auszusprechen, dies um so mehr, als aus der Mitte der Handelskammer schon ausdrücklich der Wunsch laut geworden ist, in dieser Hinsicht nicht gesetzlich gebunden zu sein, sondern z. B. das Anerbieten unentgeltlicher Verwaltung ihrer Kasse Seitens eines Mitgliedes annehmen zu dürfen.

Endlich das Maximum für die ohne besondere staatliche Genehmigung freizugebende Höhe des Kostenaufwandes von 5% auf 10% der Gewerbesteuer vom Handel zu bestimmen, da sonst die Handelskammern in ihrer finanziellen Gebahrung einen zu geringen Spielraum haben würden.

Der Herr Regierungs-Kommissarius befürwortete die Bestimmungen des Entwurfes im Wesentlichen unverändert anzunehmen, da dieselben aus der gewiß gerechtfertigten Tendenz hervorgegangen seien, im Gesetze selbst die Maxime der Sparsamkeit zum Ausdruck zu bringen und unnöthige Belastungen der Beitragspflichtigen zu verhüten. Insbesondere sei es nicht räthlich, den lediglich in das Ermessen der Handelskammern zu stellenden Steuerzuschlag auf 10 Prozent zu erhöhen. Eine nicht geringe Anzahl der Handelskammern sei bisher mit erheblich weniger, als 5 Prozent ausgekommen; dies werde in Zukunft um so mehr möglich sein, als der Kreis der Beitragspflichtigen sich durch die Genossenschaften, Bergbautreibenden u. s. w. vergrößern werde. Man sollte doch Anstand nehmen, durch einen Satz, welcher das thatsächlich erwiesene regelmäßige Bedürfniß weit überschreite, zur künstlichen Steigerung dieses Bedürfnisses einen Anreiz zu geben.

Hierauf wurde erwidert: als allgemein leitender Gesichtspunkt sei bei der Finanzfrage erst recht festzuhalten, daß die Handelskammern aus der eigenen freien Wahl ihrer Berufsgenossen hervorgehen und das Vertrauen derselben zur Legitimation für ihre Beschlüsse haben; — wolle man auch zugeben, daß die Ermächtigung der Handelskammer den Handelsstand lediglich nach ihrem Ermessen zu besteuern, auf begründete Bedenken der allgemeinen Finanzpolitik stoße, so dürfe doch die Grenze ihres Arbitriums nicht so enge gezogen werden, daß sie hinter dem Erforderniß der Mittel für eine tüchtige Berufserfüllung zurückbleibe, es seien aber bisher gerade solche Handelskammern, welche ihre Aufgabe mit besonderem Erfolge und zu besonderer Befriedigung der Staats-Regierung, wie der öffentlichen Meinung gelöst hätten, nicht im Stande gewesen, auch nur mit 10 Prozent auszureichen, — ein Maximum von 10 Prozent würde also in so manchen Fällen nur ein Minimum sein; — eine Neigung der Handelskammern zu entbehrlichen Ausgaben sei um so weniger zu vermuthen, als voraussichtlich gerade die Mitglieder derselben durch die Höhe ihrer Gewerbesteuer den Zuschlag am meisten empfinden würden; endlich gebe es ein recht wirksames Korrektiv gegen eine etwaige Neigung, die Grenzen der Sparsamkeit zu überschreiten, das sei die Oeffentlichkeit der Etats-Aufstellung und der Rechnungslegung, — Beides beabsichtigte die Kommission in dem Gesetze einzuführen."

(Aus dem Kommissionsberichte des Abgeordnetenhauses vom 14. Februar 1869.)

f) Diäten.

„Nur durch die Befugniß der Handelskammer, autonomisch Diäten zu bewilligen, kann eine Ausgleichung der Bevorzugung, welche die Mitglieder am Sitze der Kammer gegen im Bezirk entfernt wohnende Mitglieder, und welche die reichen gegen die weniger bemittelten Berufsgenossen haben würden, ausgeglichen werden.“ (Aus den Motiven.)

Die bereits von der vorjährigen Kommission sorgfältig erwogene und von ihr verneinend beantwortete Frage wurde, nachdem der Herr Regierungs-Kommissarius sich wieder in demselben Sinne geäußert, und den nicht geringen Werth, den die Staatsregierung auf die Ablehnung lege, hervorgehoben hatte, auch von der unterzeichneten Kommission einstimmig verneint. In unserer Zeit, wo der Ruf nach ehrenamtlicher Selbstverwaltung so dringend laut wird, würde man mit dem öffentlichen Bewußtsein in vollen Widerspruch gerathen, wenn man nicht einmal von bloßen Berufs-Repräsentanten, welche mit dem Gesammtinteresse auch zugleich das eigenste Interesse wahrnehmen, das geringe Opfer kleiner und seltener Reisen für eine ganz freiwillig übernommene Stellung verlangen wollte. Der Handels- und Gewerbestand, für welchen die Handelskammern berechnet sind, begehrt ersichtlich auch gar nicht das Recht zu einer solchen autonomischen Selbstentschädigung. Zeugniß geben die neben den Handelskammern hergehenden Gewerbe-, Hütten-, Bergwerks- 2c. Vereine, in welchen von Vergütigung für die oft weiten Reisen zu den Sitzungen noch nie die Rede gewesen ist. Man möchte glauben, einen ehrenwerthen Stand zu beleidigen, wenn man von den Erwählten seines

Vertrauens ein so kleines Opfer nicht erwarten wollte. Doppelt beleidigend würde es sein nach den Motiven des Amendement die Bevorzugung der Reichen gegen die weniger bemittelten Berufsgenossen durch Reisekosten und Diäten an Letztere ausgleichen zu wollen."

(Aus dem Kommissionsberichte des Abgeordnetenhauses vom 25. October 1869.)

„In dem größten Theile des Preußischen Staatsgebiets, in den alten Provinzen, besteht seit mehr denn 20 Jahren das Institut der Handelskammern, ohne daß den Mitgliedern Reisekosten resp. Diäten gewährt sind, und so viel zu ermitteln war, ist niemals aus einer dieser Handelskammern eine Klage darüber gekommen, daß Diäten und Reisekosten nicht bewilligt wurden. Es fällt das vielleicht um so mehr in's Gewicht, als etwa drei Viertel sämmtlicher Handelskammern nicht beschränkt sind auf eine einzelne Stadt, sondern zugleich einen weiteren Landkreis in ihren Bezirk mit einschließen. Die Staatsregierung wünscht nun allerdings und muß den größten Werth darauf legen, daß die Sitzungen der Handelskammern auch von auswärtigen Mitgliedern besucht werden, daß sie, wenn möglich, fleißiger besucht werden, als bisher vielfach geschehen ist, und wenn sie besorgen könnte, daß dieser Besuch ein spärlicher bleiben oder werden möchte, lediglich um deswillen, weil Reisekosten und Diäten nicht bewilligt werden, so würde sie keinen Anstand nehmen, dem Amendement zuzustimmen. Die Staatsregierung glaubt aber diese Besorgniß nach den bisher gewonnenen Erfahrungen ganz und gar nicht hegen zu dürfen, und sie müßte demgegenüber die An-

nahme des Amendements geradezu als einen Rückschritt gegen das Bestehende bezeichnen. Die Staatsregierung glaubt, daß die geringen Unkosten, die dem Einzelnen aus der Wahrnehmung der Sitzungen erwachsen — die Zahl der Sitzungen wird durchschnittlich etwa auf ein Dutzend im Jahre anzunehmen sein — sehr leicht von den Einzelnen getragen werden können, um so leichter, als der Betheiligte dort der Regel nach, mehr oder weniger die Wahrnehmung anderer Geschäfte verbinden wird mit der Wahrnehmung der Sitzungen, welche doch regelmäßig im Mittelpunkte an dem Hauptverkehrsplatze des ganzen Bezirkes abgehalten werden."
(Aus der Rede des Regierungs-Kommissar Geh. Regierungs-Rath Jebens. Sitzung vom 14. Januar 1870.)

„Ich glaube, wenn die Mitglieder der Handelskammern nicht bereit oder nicht im Stande sind, das kleine Opfer der Diätenlosigkeit zu den wenigen Sitzungen zu bringen, so ist das ein Zeichen, daß die Handelskammern eben nicht die Trägerinnen wichtiger Interessen sind. Beiläufig bemerkt, handelt es sich nicht um zwölf Sitzungen, wie man angenommen hat, sondern bei den meisten Handelskammern wohl nur um vier, jedes Quartal treten sie einmal zusammen. Wenn eine Handelskammer die Diätenlosigkeit nicht tragen kann, dann mag sie an der Diätenlosigkeit sterben; die Diätenlosigkeit sei der Probirstein ihres Bedürfnisses. Die Handelskammern haben nicht Krämerei und Kleingewerbe zu vertreten, sondern Großhandel und Großindustrie, und diejenigen Herren, welche Mitglieder einer Handelskammer sind und sich zu den Sitzungen einfinden, haben neben ihrer

Hauptaufgabe, die gesammten gewerblichen Interessen ihres Bezirks zu vertreten, auch die Vertretung ihrer Specialinteressen. Mögen sie daher auch die kleinen Unkosten von Diäten und Reisekosten tragen."

(Aus der Rede des Berichterstatters Dr. Jacobi-Liegnitz. Sitzung vom 14. Januar 1870.)

II.

Vergleichende Uebersicht über die Organisation der Handelskammern außerhalb Preußens.

Handels- bezw. Gewerbekammern giebt es außer in Preußen in folgenden Ländern:

a) in Deutschland:

1. Bayern.
2. Württemberg.
3. Baden.
4. Sachsen.
5. Hessen.
6. Braunschweig.
7. Anhalt.
8. Sachsen-Weimar-Eisenach.
9. Sachsen-Meiningen.
10. Reuß j. L.
11. Reuß ält. L.
12. Hamburg.
13. Lübeck.
14. Bremen.
15. Elsaß-Lothringen.

b) im europäischen Auslande:

1. Oesterreich-Ungarn Cisl.
2. " " Transl.
3. Frankreich.
4. Italien.
5. Niederlande.
6. Großbritannien.
7. Rumänien.
8. Dänemark.
9. Luxemburg.

Die Organisation der Handelskammern ist in den vorgenannten Ländern eine so wesentlich verschiedene, daß sie zum Theil wenig mehr als den Namen gemeinsam haben. Will man nur das Wesentliche ins Auge fassen, so lassen sie sich nach ihrer staatsrechtlichen Stellung in folgende Gruppen eintheilen:

1) Handelskammern, welche staatliche Behörden sind oder doch mehr oder weniger den Charakter solcher tragen (Hamburg, Lübeck, Bremen).
2) Handelskammern, welche freie Vereinigungen sind (Großbritannien).
3) Handelskammern, welche eine gewisse Zwischenstellung einnehmen, d. h. mehr oder weniger Behörden oder mit staatlicher Autorität ausgerüstete Korporationen sind (die sämmtlichen übrigen Staaten).

Die Letzteren mit ihrem, den Preußischen Handelskammern mehr gleichartigem Aufbau kommen für unsere Vergleichung zunächst in Betracht, und zwar sind in nachstehender Uebersicht die hauptsächlichen gesetzlichen Bestimmungen der Staaten: Oesterreich-Ungarn, (Cisleithanisch und Transleithanisch), Frankreich, Italien, Niederlande, Rumänien, Bayern, Sachsen, Württemberg, Baden berücksichtigt worden. Die hessischen Verhältnisse sind den preußischen nachgebildet, die Handelskammern in Elsaß-Lothringen ruhen auf französischen Grundlagen. Die Handelskammern der vier kleineren deutschen Staaten lassen wir ihrer geringeren Bedeutung wegen hier außer Betracht.

Ueber die Organisation der Handelskammern im Großherzogthum Hessen, sowie in den Herzogthümern Anhalt und Braunschweig werden wir unten besonders berichten.

A. Gruppe der Handelskammern halbbehördlichen Charakters.

Die gesetzlichen Unterlagen, auf denen die Handelskammern der für uns hier in Betracht kommenden Staaten errichtet wurden, sind folgende:

1. Frankreich.
   a) Gesetz über die Organisation der Handelskammern vom 3. September 1851 (Bulletin des lois 1851. Nr. 3239).
   b) Gesetz über die Wahl der Mitglieder der Handelskammern und der Gewerbekammern vom 30. August 1852. (Bulletin des lois Nr. 4413.)
2. Oesterreich-Ungarn. A. Cisleithanien.
   Gesetz vom 29. Juni 1868, betr. die Organisirung der Handels- und Gewerbekammern.
   B. Transleithanien.
   Gesetz-Artikel VI vom Jahre 1868 von den Handels- und Gewerbekammern.
3. Italien. Gesetz, betr. die Errichtung von Handels- und Gewerbekammern vom 6. Juli 1862. (Racc. uff. Nr. 680.)
4. Niederlande. Kgl. Verordnung, betr. die Errichtung von Handels- und Gewerbekammern vom 9. November 1851 (Staatsbl. Nr. 142) mit den Abänderungen vom 16. Februar 1854 (Staatsbl. Nr. 13) vom 11. August 1859 (Staatsbl Nr. 80) und vom 12. Juli 1873 (Staatsbl. Nr. 108).*)

---

*) Eine Aenderung dieser Verordnung ist in Vorbereitung.

5. Rumänien. Gesetz vom $\frac{\text{30. September}}{\text{12. Oktober}}$ 1864. (Preußisches Handelsarchiv 1864. II. 603.)

6. Bayern. Verordnung, betr. die Handels- und Gewerbekammern und die Bezirksgremien für Handels- und Gewerbekammern vom 25. Oktober 1889.

7. Sachsen.

a) Gesetz vom 23. Juni 1868, die Abänderung mehrerer Bestimmungen des Gewerbegesetzes vom 15. Oktober 1861, betr. Gesetz- und Verordnungsblatt 1868. S. 338.

b) Verordnung vom 16. Juli 1868 die Handels- und Gewerbekammern betreffend. Gewerbegesetz vom 15. Oktober 1861 §§ 112—125 Verordn. vom 22. August 1874, Auszug aus dem Gesetz vom 2. August 1878.

8. Württemberg. Gesetz, betr. die Errichtung von Handels- und Gewerbekammern vom 4. Juli 1874 (Reg.-Blatt S. 193).

9. Baden.

a) Gewerbegesetz vom 20. September 1862, betr. die Errichtung von Handels- und Gewerbekammern. (Bad. R.-Bl. Nr. 44.) Gesetz, die Handelskammern betreffend, vom 11. Dezember 1878 und Gesetzes-Novelle vom 26. April 1886, die Abänderung des Handelskammer-Gesetzes betreffend.

b) Verordnung, die Handelskammern betreffend, vom 8. April 1879 und vom 28. Dezember 1886. (G. u. V. Bl. vom 21. April 1879 Nr. 21 und vom 10. Januar 1887 Nr. 1.)

10. Hamburg. Gesetz, betr. die Handelskammer und die Versammlung Eines Ehrbaren Kaufmanns vom 23. Januar 1880.
11. Bremen. Gesetz, die Handelskammer betreffend (Gesetzblatt der freien Hansestadt Bremen 1875 Nr. 22).
12. Lübeck. Revidirte Lübeckische Kaufmannsordnung (publicirt am 4. Februar 1867).

I. Bestimmung.

Sämmtliche Handelskammern haben, wie in Preußen, die nur im Wortlaut abweichende, sonst aber gleichmäßige Bestimmung:

1) die Interessen der Gewerbetreibenden im weitesten Sinne (Handel, Industrie und Handwerk) zu vertreten und
2) die Behörden durch Mittheilungen, Anträge und Gutachten zu unterstützen.

Sie sind geschaffen als Organe, welche zwischen Regierung und Gewerbe zu vermitteln haben und gelten so als die offizielle Vertretung der gewerblichen Interessen im Lande. In Rumänien sind sie zugleich „die natürlichen Mandatare für die Verwaltung" aller dem allgemeinen Handelsinteresse dienenden Anstalten.

II. Aufgaben.

Entsprechend dieser Bestimmung ist den Handelskammern gleichmäßig die Aufgabe zugewiesen:

1. Wünsche und Vorschläge der Gewerbetreibenden entgegenzunehmen, zu berathen und event. an zuständiger Stelle zu vertreten;
2. den Behörden a) auf deren Ersuchen, b) aus eigener Initiative Berichte zu erstatten.

Außer dieſer allen Handelskammern gleichmäßig und allgemein geſtellten Aufgabe ſind ihnen im Einzelnen noch folgende beſondere Funktionen zugewieſen worden.

a. Oeſterreich-Ungarn (cisleithaniſch).

1) Beſtimmungen über Geſetzentwürfe, welche die kommerziellen oder gewerblichen Intereſſen berühren, bevor dieſelben von der Regierung den geſetzgebenden Vertretungskörpern zur verfaſſungsmäßigen Behandlung vorgelegt werden;
2) Abgabe von Gutachten bei Errichtung von öffentlichen Anſtalten, welche die Förderung des Handels oder der Gewerbe zum Zwecke haben, ſowie bei weſentlichen Abänderungen der Organiſationen derſelben;
3) ſie führen die Regiſter über alle Perſonen, denen das Wahlrecht für ihre Handels- und Gewerbekammer zuſteht, — ſie regiſtriren die Marken und Muſter der Induſtrie-Erzeugniſſe und führen die vorgeſchriebenen Marken- und Muſterarchive, — ſie führen fortlaufende Nachweiſungen über die protokollirten Firmen und alle anderen Gewerbs-, Handels- und Verkehrs-Unternehmungen, über Geld- und Kredit-Inſtitute in ihrem Kammerbezirke; über die zur Handels- und Gewerbeſtatiſtik erforderlichen Daten;
4) ſie nehmen den durch beſondere Geſetze und Vorſchriften normirten Einfluß auf die Prüfung und Ernennung der Waaren- und Wechſelmäkler (Senſalen) auf die Ernennung der Börſenräthe und der Handelsgerichtsbeiſitzer;
5) ſie ertheilen Zeugniſſe über den Beſtand von Handelsuſancen, über Markenprotokollirungen, vorgelegte Waarenmuſter, dann über die Leiſtungsfähigkeit der Offerenten

8*

für Lieferungen zu Staatszwecken, und sind auf behördliche Aufforderung hierzu verpflichtet;

6) sie entscheiden in Folge eines von den Betheiligten geschlossenen Uebereinkommens und mit Beachtung der diesbezüglichen speciellen Vorschriften als Schiedsgericht in Streitigkeiten über Handels- und Gewerbeangelegenheiten;

7) sie haben jedes Jahr, bis längstens Ende April, einen summarischen Bericht an den Handelsminister einzusenden, in welchem die Wahrnehmungen über die Geschäftsverhältnisse im Allgemeinen, über den Zustand der Gewerbe, des Handels und Verkehres ihres Bezirkes im abgelaufenen Jahre dargestellt sind. Diesem Berichte können auch Wünsche und Anträge beigefügt werden. Sie haben von fünf zu fünf Jahren einen statistischen Bericht über die gesammten volkswirthschaftlichen Zustände ihres Bezirkes an den Handelsminister zu erstatten.

b. Oesterreich-Ungarn (transleithanisch).

1) Sie haben über die bei der Kammer deponirten Waarenstempel, Muster und Modelle ein pünktliches Register zu führen;

2) jene Individuen, die sich zu Sensalen anmelden, sachkundig zu prüfen, und wenn sie dieselben für geeignet befinden, in die Reihe der Sensale aufzunehmen;

3) über die Lokal-, Handels-, Gewohnheitsrechte und die vorgewiesenen Waarenexemplare Zeugnisse auszustellen;

4) in die vom Minister zur Wohlmeinungs-Erstattung zeitweise einzuberufenden allgemeinen Kammerversammlungen oder Comités Mitglieder zu entsenden.

c. Frankreich.

Das Gutachten der Handelskammern ist insbesondere zu verlangen:

1) über projektirte Aenderungen in der Handelsgesetzgebung;
2) über Errichtung und Reglement der Handelskammern;
3) über Errichtung von Börsen, Ernennung von Sensalen und Maklern, über Zolltarife;
4) über Transporttarife, Reglements und andere für den Handel berechnete Einrichtungen;
5) über Handelsgebräuche, Tarife und Reglements der Schiffs- und Versicherungs-Makler, Waaren-, Geld- und Effekten-Sensale;
6) über Errichtung von Handelsgerichten im Kammerbezirke;
7) über Errichtung von Banken, Excompte Anstalten, Filialen der Bank von Frankreich;
8) über die Projekte von lokalen, den Handel betreffende Einrichtungen;
9) über die Entwürfe lokaler Verordnungen für Handel und Gewerbe;
10) wenn in einer und derselben Stadt eine Handelskammer und eine Börse besteht, so untersteht die Verwaltung der Börse, unbeschadet der Rechte des Maire und der Gemeindepolizei, der Handelskammer;
11) die Anstalten für Handelszwecke, wie Rettungsmagazine, Entrepots ꝛc. ꝛc. werden durch die Handelskammern verwaltet, wenn ihre Errichtung durch spezielle Abgaben der Handelsleute durchgeführt worden ist. Die Verwaltung jener Anstalten, welche auf Grund einer Schenkung, eines Legates oder in anderer Weise entstanden sind, kann nach Wunsch der Subscribenten

oder des Geschenkgebers, der Handelskammer übergeben werden. Auch die Regierung kann ihr die Verwaltung ähnlicher Anstalten anvertrauen.

d. Italien.

1) sie sollen Listen der Sachverständigen für Handelssachen abfassen;
2) sie sollen die Aufsicht und die Verwaltung der Handelsbörsen haben;
3) sie sollen in Betreff der Sensale, Makler- und Sachverständigen die gesetzlichen Befugnisse ausüben und die bezüglichen Listen für die Handelsgerichtsbeisitzer aufstellen;
4) sie sollen alle Angelegenheiten des Seidenhandels regeln;
5) sie sollen die vom Handelsministerium speziell auf den Handel berechneten Aufträge, sowie die Verwaltung von öffentlichen Handelsanstalten, Lagerhäusern, Bergungs-Magazinen und anderen Handelsetablissements besorgen;
6) sie können selbständig oder mit Unterstützung des Ministeriums Handels- und Gewerbe-Ausstellungen für ihren Bezirk einrichten;
7) sie können freiwillige öffentliche Verkäufe übernehmen gegen eine Taxe von 1/2 Prozent des Verkaufserlöses, wofür sie die Kosten des Verkaufs tragen.

e. Bayern.

1) Die Handels- und Gewerbekammern üben den ihnen durch besondere Gesetze und Vorschriften geregelten Einfluß auf die Ernennung der Handelsmäkler (Sensale) und der Handelsgerichtsbeisitzer aus. Denselben kann mit ihrer Zustimmung die Verwaltung oder die Aufsicht über allgemeine Handelsinstitute, wie z. B. Börsen übertragen werden.

2) Die Handels- und Gewerbekammern haben mit den im Regierungsbezirke vorhandenen Handels- und Gewerbe-Gremien den erforderlichen Verkehr zu unterhalten und sich in wichtigen Fragen, dann bei Erstattung des Jahresberichts ihres Beirathes und ihrer Mitwirkung zu versichern.

f. Württemberg.

Zu den Aufgaben der Handels- und Gewerbekammern gehört insbesondere: statistische Notizen über Gegenstände der Gewerbe und des Handels zu sammeln und, soweit dies auf Veranlassung der Regierungsbehörden geschieht, zu diesem Zweck von den Handels- und Gewerbetreibenden und von den Gemeindebehörden die erforderlichen Auskünfte zu fordern.

g. Baden.

Die Handelskammern können zur Mitwirkung bei der Leitung und der Beaufsichtigung von, der Förderung des Handels und der Industrie dienenden öffentlichen Anstalten und Einrichtungen herangezogen werden. Auf Anordnung des Ministeriums des Innern haben die Handelskammern zur Berathung zusammenzutreten oder Vertreter zu Berathungen zu entsenden.

h. Sachsen.

Den Handelskammern kann mit ihrer Zustimmung die Funktion örtlicher Handelsvorstände und die Verwaltung der an ihrem Sitze befindlichen allgemeinen Handels-Institute, als Börsen, Mäklerinstitute, Handelsschulen 2c. übertragen werden, auch hat sie die kaufmännischen Handelsrichter vorzuschlagen.

III. Organisation.

Der Verschiedenheit ihrer Aufgaben entsprechend, ist auch die Organisation der Handelskammern in den einzelnen Ländern eine sehr verschiedene.

a) Errichtung. In Oesterreich-Ungarn (Cisleith.), Italien, Rumänien, Frankreich, Bayern sind die Handelskammern durch Gesetz errichtet worden, bezw. bedarf es, wie in Frankreich, zur Errichtung einer Handelskammer eines in gesetzmäßiger Form erlassenen Dekretes. In den Niederlanden beruhen die Handelskammern auf Königlicher Genehmigung eines Antrages der betreffenden Gemeindeverwaltung. In Oesterreich-Ungarn (Transleith.), Sachsen, Baden, Württemberg ist es der Staatsregierung und zwar ministerieller Entscheidung überlassen, nach Bedarf Handelskammern zu errichten. In keinem der genannten Staaten ist, wie in Preußen, die Errichtung von einem Mehrheitsbeschlusse der Betheiligten abhängig gemacht. In Baden ist zwar auch die Initiative der Gewerbetreibenden erwünscht, aber nicht nothwendig; das Ministerium des Innern kann eventuell unter engerem Beirath selbständig vorgehen.

b) Amtsbezirke. Eine Eintheilung des Landes in gleichmäßige Handelskammerbezirke nach den politischen Verwaltungsbezirken ist von Oesterreich-Ungarn und Bayern von vorne herein durch Gesetz vorgenommen worden, und zwar in der Weise, daß in Bayern die Handelskammerbezirke sich mit den Regierungsbezirken decken, in Oesterreich-Ungarn (Cisleith.) die einzelnen Kronländer, je nach der gewerblichen Bedeutung der Länder, eine oder mehrere

Handelskammern zugleich für den politischen Verwaltungsbezirk eingesetzt erhalten haben. In den übrigen Staaten ist die Begrenzung der Bezirke dem jeweiligen Bedürfnisse überlassen. In Sachsen wurde zugleich mit dem Gesetze durch ministerielle Verordnung der Umfang der einzelnen das gesammte Königreich umfassenden Handelskammerbezirke abgegrenzt.

In Oesterreich-Ungarn (Transleith.) sollen die Bezirke von Zeit zu Zeit durch den Minister neu begrenzt werden. Die Niederlande und Rumänien setzen grundsätzlich den Stadtbezirk als normalen Umfang, erstere lassen jedoch auch die Zusammenlegung mehrerer Gemeinden zu einem Handelskammerbezirke zu, doch ist für diesen Fall eine gewisse Mitwirkung der Deputirtenkammer unter königlicher Genehmigung vorgeschrieben.

Kein Land weist, auch nur annähernd, ein solche Ungleichmäßigkeit in dem Umfange und in der Bedeutung der Handelskammerbezirke auf, wie Preußen.

c) Aufbau. Bayern, Württemberg, Sachsen, Oesterreich-Ungarn (Cisleith. und Transleith.), die Niederlande, Italien und Rumänien besitzen Handels- und Gewerbekammern, Frankreich neben den Handelskammern auch Gewerbekammern, Preußen und Baden allein nur Handelskammern. Diese Unterschiede sind nicht nur Unterschiede des Namens. Die bayerische Handels- und Gewerbekammer besteht in der That aus zwei Abtheilungen, die eine für Handel und Industrie, die andere für die übrigen Gewerbe. Jede Abtheilung wird gesondert gewählt und hat ihre eigenen Vorsitzenden;

derjenige der Handelsabtheilung ist zugleich Vorsitzender der Handels- und Gewerbekammer. Jede Abtheilung wird gebildet a) aus am Sitze der Kammer gewählten Mitgliedern, deren Zahl von der Regierung festgesetzt wird, mindestens vier betragen und in beiden Abtheilungen gleich sein soll, b) aus auswärtigen Mitgliedern; als solche fungiren die Abtheilungs-Vorsitzenden der Handels- und Gewerbe-Gremien des Regierungs-Bezirkes bezw. deren Stellvertreter. Einzelnen Handels- und Gewerbe-Gremien kann von der Regierung auch das Recht zur Abordnung von mehr als zwei Mitgliedern zugestanden werden. Neben diesen Handels- und Gewerbekammern sind nach Bedarf im Bezirke auch Unterabtheilungen, sog. Bezirksgremien zugelassen, welche den Ersteren in ihren Aufgaben unterstellt sind; ihre eigenen Vorsitzenden und Schriftführer haben, Beiträge von den Wahlberechtigten erheben können und überhaupt allen für die Handels- und Gewerbekammern getroffenen Bestimmungen unterworfen sind. Sie können sogar noch besondere Unterabtheilungen (Sektionen) bilden und nehmen an den Sitzungen der Handels- und Gewerbekammer in ihren Vorsitzenden mit entscheidender Stimme Theil. Sie haben ihre Wünsche und Anträge an die zugehörige Handels- und Gewerbekammer einerseits, an die zuständige Distrikts-Verwaltungsbehörde andererseits zu richten, der Ersteren ferner die Materialien für deren Berichte zu liefern und die ihnen von derselben zugewiesenen Aufgaben zu erledigen. Sie vertreten im Uebrigen die Interessen ihres engeren Bezirkes in gleicher Weise, wie die Handels- und Gewerbekammer die des Regierungs-Bezirkes. Sie haben insbesondere bei der Ernennung der Handelsmäkler und Handelsrichter mitzuwirken und verkehren in Angelegenheiten von vorwiegendem lokalen Interesse mit den zuständigen Stellen und Behörden direkt, sind indeß verpflichtet, in wichtigen Fällen ihrer Handels- und Gewerbekammer Kenntniß zu geben. Auch sie sollen der Regel nach aus zwei Abtheilungen bestehen, welche denen der Handels- und Gewerbekammer entsprechen. Ihre Kosten werden durch Umlage auf die Wahlberechtigten gedeckt. In allen übrigen Beziehungen gelten für sie die gleichen Bestimmungen wie für die Handels- und Gewerbekammern mit den Ausnahmen, daß

1) die Mitgliederzahl der Abtheilungen nicht gleich zu sein braucht,
2) die Bestallung eines fachwissenschaftlich gebildeten Sekretärs nicht erforderlich ist,
3) die Jahresrechnung der Distriktsverwaltungsbehörde vorzulegen ist und dieser das Recht zusteht, einen Kommissar zu den Sitzungen zu entsenden.

In Sachsen war es dem Ermessen des Ministeriums des Innern überlassen, ob und wieweit dasselbe die Handelskammer und die Gewerbekammer als Kollegien trennen oder zusammenfassen wollte. Das Ministerium hat nur für Leipzig eine Trennung für zweckmäßig gefunden. Hier arbeiten die beiden Kollegien daher gänzlich unabhängig von einander. In den übrigen Bezirken findet zwar die Wahl der Mitglieder gesondert statt, aber sonst erscheint die Handels- und Gewerbekammer in ihrem Vorsitz, ihrem Bureau, ihrer Geschäftsführung und in der Regel auch in ihren Sitzungen als ein einheitliches Organ.

In Württemberg liegt der Unterschied gegenüber Preußen nur in dem Namen. Handel und Gewerbe sind in den dortigen Handels- und Gewerbekammern nicht anders geschieden als in den preußischen und hessischen Handelskammern, in denen Handel- und Gewerbetreibende ohne Unterschied vertreten sind. Dasselbe gilt anscheinend auch von den Niederlanden, Rumänien und Italien. Auch in Baden ist zwar der Regierung durch § 29 des badischen Gewerbegesetzes vom 20. September 1862 das Recht ertheilt, wo sich das Bedürfniß zeigt, die Errichtung von Gewerbekammern zu veranlassen, welchen die Wahrung des gemeinschaftlichen Interesses aller oder einzelner Klassen des Gewerbestandes eines Ortes oder Landestheiles zur Aufgabe gestellt ist, das Handelskammergesetz vom 11. Dezember 1878 bezw. die Novelle vom 26. April 1886 hat indeß nur Handelskammern und zwar für die gemeinschaftlichen Interessen von Handel und Industrie, wie sie durch das Gesetz von 1862 errichtet waren, reorganisirt.

In Frankreich giebt es sowohl Handelskammern (chambres de commerce) wie Gewerbekammern (chambres consultatives des arts et des manufactures). In Oesterreich-Ungarn (Cisleith.) zerfällt die Handelskammer in zwei Sektionen für Handel und für Gewerbe. Der Handelsminister kann auf Antrag der Kammer auch die Bildung von anderen Sektionen für besondere Gewerbszweige bewilligen. Die Wahlen erfolgen für beide Sektionen getrennt. In der Wirksamkeit der

Kammer selbst verschwindet dieser Unterschied wie in den kombinirten sächsischen Handels- und Gewerbekammern. In Oesterreich-Ungarn (Transleith.) ist dagegen die Trennung soweit durchgeführt, daß sowohl die Handels- wie die Gewerbe-Abtheilung unter dem Vorsitze ihrer eigenen Vicepräsidenten die zu ihrem Ressort gehörigen Angelegenheiten verhandeln und ihre „Wohlmeinung" an das Präsidium erstatten. Beschlüsse können nur in den von beiden Abtheilungen gemeinsam abgehaltenen Sitzungen gefaßt werden.

IV. Staatsrechtliche Stellung.

Die staatsrechtliche Stellung der Handelskammern ist in keinem Lande so ungenügend ausgeprägt, wie in Preußen. In Oesterreich-Ungarn, und zwar in Cisleithanien unterstehen sie **unmittelbar dem Handelsminister** und vollziehen dessen Anordnungen in den ihrem Wirkungskreise angehörigen Angelegenheiten; auch in Bayern sind sie dem Staatsministerium untergeordnet, weniger bestimmt im Wortlaute aber in gleichem Sinne sprechen sich die Gesetze Italiens, Rumäniens, Frankreichs und der Niederlande aus. Hier wie auch in Süddeutschland und Sachsen gelten sie als Zwischenorgane zwischen den obersten Behörden und den Gewerbetreibenden. Ihr freier Charakter ist nicht anders ausgeprägt, als für die wünschenswerthe freie Bewegung unerläßlich ist. Deshalb ist ihnen die Freiheit gelassen, mit allen Behörden direkt zu verkehren, sie sind nur (z. B. in Frankreich und den Niederlanden) gehalten, in jedem einzelnen Falle Abschrift an die zunächst vorgesetzte Behörde zu geben. Sie können, in Württemberg, sogar Petitionen an Reichsorgane richten, müssen dann aber allerdings Abschrift derselben ihrer Regierung einreichen. Sie haben, wie z. B. in Oesterreich-Ungarn, das Recht, gemeinsam unter einander zu berathen. Die Verschiedenartigkeit ihrer Stellung geht schon aus den Abweichungen in den oben angeführten Aufgaben hervor, die ihnen gesetzt sind. Ihr behördlicher Charakter tritt erkennbar zu Tage, wo ihnen ein bestimmter Instanzenzug vorgeschrieben ist, wie z. B. in Frankreich, wo das Budget dem Minister durch die Hand des Departements-Präfekten vorzulegen ist, welcher dasselbe mit seinen persönlichen Bemerkungen zu begleiten hat, oder in den Niederlanden, wo in ähnlicher Weise die Königlichen Kommissare in den Provinzen den Verkehr mit der Verwaltung vermitteln.

Gegenüber den zahlreichen Bestimmungen, welche den Pflichtenkreis der Handelskammer kennzeichnen, findet sich nur in dem für Oesterreich-Ungarn Cisleith. geltenden Gesetze auch das Recht ausgesprochen, das sie ihrerseits auf die entsprechende Information und Mitwirkung der Betheiligten haben. Es heißt in § 3 des Gesetzes: „alle landesfürstlichen und die Gemeindebehörden ihrer Bezirke, sämmtliche Gremien und Genossenschaften, gewerbliche, industrielle, Handels- und Verkehrsunternehmungen, Versicherungsanstalten, Spar- und Vorschußvereine, sowie die einzelnen Gewerbe-, Handel- und Verkehrtreibenden sind verpflichtet, den Kammern über deren Verlangen die zur Erfüllung ihrer Obliegenheiten erforderlichen Auskünfte zu ertheilen, die benöthigten Nachweisungen zu liefern und die Kammern überhaupt in ihrer Wirksamkeit zu unterstützen. Ein Mittel, dieses Recht gegenüber Widerstrebenden durchzusetzen, ist freilich auch hier nicht normirt worden, sodaß diese Bestimmung anscheinend nur moralischen Werthes ist. Dafür ist die behördliche Stellung der Handelskammern in Oesterreich-Ungarn dadurch noch besonders gekräftigt worden, daß ihnen das Recht ertheilt worden ist:

1. in den Landtag und Reichsrath je nach ihrem Umfange 1—4 Mitglieder zu entsenden,
2. rücksichtlich der Stempelpflicht ihrer amtlichen Akte den Behörden gleichgestellt zu sein,
3. für ihre Correspondenz mit dem Handels-Minister und anderen Behörden, dann mit den Gemeinden, sowie den Gewerbe- und Handelskammern unter einander und in Wahlangelegenheiten zwischen der Wahlkommission und den Wählern Portofreiheit zu genießen.

In Frankreich sind die Handelskammern auch insofern in das System der Behördenorganisation eingeordnet, als ihnen der Rang hinter den Handelsgerichten eingeräumt ist. In einer Reihe von Staaten ist der Regierung ausdrücklich das Recht vorbehalten, zu den Sitzungen Commissare zu entsenden, welche den Sitzungen ohne Stimmrecht beizuwohnen, jeder Zeit das Wort zu nehmen berechtigt sind, ohne indeß Stimmrecht zu haben. Ein solches ist nur in Frankreich den Präfekten und Souspräfekten eingeräumt, welche von Amtswegen Mitglieder der Handelskammer sind und, wenn sie anwesend sind, (ebenso wie in Rumänien) den Vorsitz bei den Verhandlungen führen.

Erwähnung muß schließlich in diesem Zusammenhange eine den Handelskammern in einzelnen Ländern eingeräumte wichtige Bestimmung finden, wonach dieselben bei jeder wichtigen Angelegenheit, welche Handel und Gewerbe angehen, von den betreffenden Staatsbehörden zuvor gehört werden und wonach Gesetzentwürfe ähnlicher Art ihrer Begutachtung möglichst unterbreitet werden müssen. Diese Bestimmung, welche den Handelskammern erst ihre wirkliche Bedeutung giebt, enthalten die Gesetze von Oesterreich-Ungarn und Sachsen. In Bayern sollen die Kammern, soweit thunlich, bei jeder wichtigen Angelegenheit dieser Art gehört werden.

V. Korporationsrechte.

In Frankreich und Baden sind den Handelskammern durch Gesetz die Rechte der juristischen Person ertheilt worden. Auch in Italien, Oesterreich und anderen Ländern können sie eigenes Vermögen besitzen, indem sie als Anstalten von öffentlichem Interesse gelten.

VI. Wahlrecht.

Wahlberechtigt zur Handelskammer und damit beitragspflichtig sind unter Voraussetzung der bürgerlichen Ehrenrechte in:

a. Bayern: a) zur Handelskammer alle Personen, welche am Sitze der Kammer selbständig ein zur Gewerbesteuer veranlagtes Gewerbe betreiben und als Inhaber oder persönlich haftende Theilhaber im Handelsregister eingetragen sind (ausgen. Apotheker), ferner Aktiengesellschaften und eingetragene Genossenschaften; b) zur Gewerbekammer alle übrigen Personen, welche am Sitze der Kammer selbständig ein stehendes Gewerbe betreiben und eine bestimmte Mindeststeuer für ihr Gewerbe zahlen.

b. **Württemberg:** alle Inhaber einer mit Gewerbesteuer belegten Firma, sofern entweder ihre Firma im Handels-Register eingetragen ist, oder sofern sie ihre Aufnahme in die Wählerliste freiwillig angemeldet haben.

c. **Baden:** alle Inhaber einer eingetragenen Firma, welche einen bestimmten Steuersatz zahlen und im Bezirke wohnen.

Die auswärts wohnenden Firmeninhaber können durch ihren eingetragenen Vertreter ihr Wahlrecht ausüben lassen. Auf das Wahlrecht verzichten können diejenigen, deren Steuerleistung eine gewisse Höhe nicht erreicht.

d. **Sachsen:** für die Handelskammer alle mit einem Einkommen aus Handel und Gewerbe von über 1900 Mk. abgeschätzten, 25 Jahre alten Kaufleute und Fabrikanten, für die Gewerbekammer alle mit einem Einkommen aus Handel und Gewerbe von über 600 bis 1900 Mark abgeschätzten Kaufleute und Fabrikanten, sowie alle mit einem Einkommen von über 600 Mk. aus Handel und Gewerbe eingeschätzten Gewerbetreibenden, welche nicht zu den Kaufleuten oder Fabrikanten gehören.

e. **Oesterreich-Ungarn** (Cisleith.): alle Gewerbe des Bezirks, sofern sie mindestens 100 fl. Steuer für Großhandel und Großindustrie, oder in den anderen Kategorien einen vom Handelsminister im Einvernehmen mit der betreffenden Kammer bestimmten Mindestsatz zahlen.

f. **Oesterreich-Ungarn** (Transleith.): alle seit einem Jahre selbständigen Handel- und Gewerbetreibenden des Bezirks.

g. Frankreich: alle seit fünf Jahren im Kammerbezirke patentirten und mindestens zwei Jahre im Bezirke ansässigen Gewerbetreibenden.

h. Italien: alle inländischen Gewerbetreibenden und Fremde, welche mindestens fünf Jahre ihr Gewerbe im Handelskammerbezirke betreiben.

i. Niederlande: alle als Kaufleute oder Fabrikanten in das Patentregister eingetragenen volljährigen Niederländer, welche ein bestimmtes Steuer-Minimum zahlen.

k. Rumänien: alle 50 Piaster Gewerbesteuer zahlenden Gewerbetreibenden.

VII. Wählbarkeit.

Die Erfordernisse hierfür sind:

1) an ein gewisses Lebensalter geknüpft:

a. in Oesterreich-Ungarn (Cisl.)	30. Lebensjahr
b. „ Frankreich	desgl.
c. „ Niederlande	desgl.
d. „ Rumänien	desgl.
e. „ Bayern	desgl.
f. „ Württemberg	25. Lebensjahr
g. „ Baden	desgl.
h. „ Sachsen	desgl.

2) an den Wohnsitz innerhalb des Handelskammerbezirkes und zwar in Baden, Württemberg, Oesterreich-Ungarn (Cisl. und Transl.), Frankreich, Niederlande, in den übrigen Staaten genügt es, wenn nur der Geschäftsbetrieb im Bezirke der Handelskammer sich befindet, so in Baden, wo sich der außerhalb wohnende Firmen-

inhaber durch seinen Prokuristen vertreten lassen kann, Sachsen, Italien.

3) Das Staatsbürgerrecht ist Bedingung in Rumänien, ferner in Oesterreich-Ungarn (Cisl.) mit Ausnahme der Kammer in Triest, wo auch Nicht-Oesterreicher gewählt werden können, wenn sie die übrigen Erfordernisse für das passive Wahlrecht besitzen.

In Italien können auch Fremde, welche mindestens fünf Jahre im Bezirke ansässig sind, gewählt werden.

4) Die Selbstbetreibung eines Gewerbes wird in den meisten Staaten gefordert. Frankreich, Italien und die Niederlande verlangen eine solche von mindestens fünf Jahren, Oesterreich-Ungarn (Cisl.) von drei, Oesterreich-Ungarn (Transl.) von einem Jahre.

In Frankreich, in Baden und in Bayern sind auch ehemalige Gewerbetreibende, und zwar in ersteren solche, welche mindestens 31 Jahre alt sind und im Kammerbezirke wohnen, wählbar: doch darf die Zahl derselben niemals $1/3$ der wirklichen Mitglieder überschreiten.

5) Schließlich wird auch ein mehrjähriger Geschäftsbetrieb im Bezirke von verschiedenen Staaten zur Bedingung des passiven Wahlrechtes gemacht.

VIII. Wahlverfahren.

Da wo die Handelskammer aus zwei Klassen von Mitgliedern gebildet wird, wählen diese für sich. Die Wahl ist überall eine direkte und geheime; nur in Sachsen ist sie eine indirekte. Sie wird geleitet entweder, wie in Frankreich, den Niederlanden, Oesterreich-Ungarn, Bayern und Württemberg durch einen Regierungs-Kommissar, oder durch die Handelskammer selbst. Die Abstimmung ist eine persönliche und geheime durch Stimmzettel; in Oesterreich-Ungarn ist daneben auch die Abstimmung durch Zusendung eines unterschriebenen Wahlzettels zuzulassen. Die absolute Majorität entscheidet in den Niederlanden und Rumänien, die relative in den übrigen Ländern. In Frankreich ist zur Gültigkeit die Anwesenheit von mindestens 1/4 der Wähler nöthig, sonst wird die Wahl durch eine besondere behördliche Kommission anberaumt, ähnlich ist es in Rumänien, wo die Mitglieder durch die Regierung ernannt werden, falls die Wähler nicht erscheinen und in Württemberg, wo ein zweiter Termin anberaumt wird, wenn nicht mindestens 1/3 der Wahlberechtigten erschienen ist. Für die Gültigkeit der Wählerliste ist hier ein Normaltag angesetzt.

IX. Mitglieder der Handelskammer.

Im Allgemeinen wird ein Unterschied zwischen den einzelnen Mitgliedern nicht gemacht, bezüglich der Zahl bestehen generelle Bestimmungen in Frankreich und Italien, welche die Mindestzahl auf 9, die Höchstzahl auf 21 festgesetzt haben, Oesterreich-Ungarn Cisleith., welches einen Spielraum von 16—48 Mitgliedern, Rumänien, welches einen solchen von 6—7 Mitgliedern und Oesterreich-Ungarn Transleith., welches die Zahl auf 32 bezw. in einem Falle auf 48 normirt hat. In Bayern ist, wie bereits erwähnt, die Mindestzahl für jede Abtheilung auf vier Mitglieder festgesetzt. In Oesterreich-Ungarn Cisleith. muß eine vom Minister bestimmte Zahl, in Oesterreich-Ungarn Transleith. die Hälfte am Sitze der Handelskammer wohnen. In Baden kann das Handelsministerium verfügen, in welchem Zahlenverhältniß Vertreter des Handels und Vertreter der Industrie zu wählen sind, und, wenn sich der Kammerbezirk über mehrere Orte erstreckt, wie viele Mitglieder am Sitze der Kammer wohnhaft sein müssen. Mehrfach ist die Hinzuziehung von Sachverständigen und von korrespondirenden Mitgliedern vorgesehen, welche Letztere durch absolute Majorität beliebiger Zahl gewählt werden und mit berathenden Stimmen an den Sitzungen Theil nehmen können. Dieselben brauchen in Oesterreich-Ungarn Transleith. nicht einmal Gewerbeeigenschaft zu haben. In Frankreich darf die Zahl der korrespondirenden Mitglieder die Zahl der wirklichen Mitglieder nicht überschreiten. In Württemberg kann sich die Kammer bis zum vierten Theil ihres Bestandes selbst ergänzen, in Baden für Mitglieder, welche innerhalb einer Wahlperiode ausscheiden, Ersatzmitglieder für die Zeit bis zur nächsten Wahl berufen. In Rumänien unterliegen die Mitglieder der Bestätigung des Königs; auch in Württemberg und Baden ist der Ausfall der Wahlen dem Minister bekannt zu geben. Die Mitglieder sind im Allgemeinen nicht verpflichtet, ein auf sie fallendes Mandat anzunehmen. Eine Ausnahme macht Bayern, welches eine solche Ablehnung von der Prüfung und Genehmigung der Handelskammer selbst abhängig macht. Auch in anderen Fällen unterstehen die Mitglieder mehrfach der Disziplinargewalt der Kammer, welche sie bei unregelmäßiger Theilnahme an den Sitzungen, mangelnder Erfüllung ihrer Aufgaben oder ehrenrühriger Handlungen aus dem Kollegium ausschließen kann. Eine Ordnungsstrafe auf Ausbleiben ohne genügende Entschuldigung hat Sachsen festgesetzt. Der Vorsitzende hat im Auftrage des Kollegiums dergleichen Ordnungsstrafen von den Betheiligten eintreiben zu lassen und, wenn erforderlich, hierzu die Hilfsvollstreckung der Justizbehörden in Anspruch zu nehmen.

X. Dauer der Mitgliedschaft.

Die Mitgliedschaft währt:

4 Jahre in den Niederlanden und Italien.

5 Jahre in Oesterreich-Ungarn (Transleith.)

6 Jahre in Frankreich, Oesterreich-Ungarn (Cisleith.), Rumänien, Bayern, Württemberg, Baden und Sachsen.

Bei 4 Jahren scheidet alle 2 Jahre die Hälfte der Mitglieder aus. Bei 6 Jahren scheidet alle 2 bezw. 3 Jahre $^1/_3$ bezw. die Hälfte der Mitglieder aus. In Oesterreich-Ungarn (Transleith.) erfolgt die Neuwahl nach jedesmaligem Ablauf der Amtsdauer.

Scheiden Mitglieder innerhalb ihrer Dienstzeit durch Tod oder freiwillig aus, bezw. werden sie vom Amte suspendirt, so wird für die Dauer, während der ihr Mandat noch läuft, oder aber auch für die gesetzliche Funktionszeit, ein Ersatzmann gewählt und zwar gemeinhin durch Neuwahl: in den beiden österreich-ungarischen Reichshälften treten bis zur nächsten Wahlperiode diejenigen ein, welche in dem letzten Wahlgange nach dem Erstgewählten in dem betreffenden Wahlkörper die meisten Stimmen erhalten haben.

Die wirkliche Ausübung der Mitgliedschaft ist in mehreren Staaten zur Bedingung gemacht, so in Frankreich und Oesterreich-Ungarn (Transleith.), wo jedes Mitglied, welches ohne anerkannten Grund sechs Monate fehlt, ausgeschieden wird, sowie in Oesterreich-Ungarn (Cisleith.) und Bayern, wo eine Vernachlässigung der Pflichten mit dem

Ausschlusse bestraft wird. In allen Fällen ist Beschluß durch absolute Mehrheit oder gar $^{2}/_{3}$ der Mitglieder und geheime Abstimmung vorgeschrieben.

XI. Präsidium.

Das Präsidium, d. h. der Vorsitzende und sein Stellvertreter, wird entweder alljährlich (wie in Frankreich, Oesterreich-Ungarn und den Niederlanden) oder auf drei Jahre (Bayern, Württemberg, Baden, Sachsen), in einigen Fällen durch relative, in anderen durch absolute Stimmenmehrheit und zwar durch Stimmzettel gewählt. Bezüglich des Ersatzes der beiden Präsidenten innerhalb der Funktionsdauer fehlt es in den meisten Ländern an einer besonderen Bestimmung; in Oesterreich-Ungarn (Cisleith.) tritt für solchen eintretenden Fall ein provisorischer Vorsitzender ein. In demselben Lande unterliegt auch die Wahl der ständigen Vorsteher, wie auch deren Wiederwahl der Bestätigung des Handelsministers, und der Präsident allein gilt als der gesetzliche Vertreter der Kammer, der als solcher für die Beobachtung der gesetzlichen Vorschriften, namentlich für die Einhaltung des Wirkungskreises der Kammer, verantwortlich ist. Andererseits kann derselbe in Oesterreich-Ungarn (Cisleith.), wenn er diese Verantwortlichkeit für die Vollziehung irgend eines Kammerbeschlusses nicht übernehmen zu können glaubt, Beschlüsse und Anordnungen der Handelskammer sistiren, muß jedoch den Fragestand entweder sofort oder nach wiederholter Berathung dem Handelsminister vorlegen. In Bayern muß sowohl der Vorsitzende, als auch der Stellvertreter seinen Wohnsitz am Sitze der Kammer haben.

XII. Der Sekretär.

Bestimmungen über den geschäftsführenden Beamten enthalten mehrere Gesetze, so die der Niederlande, Oesterreich-Ungarn, Italien, Bayern und Sachsen.

In dem erstgenannten Lande werden die Sekretäre aus der Zahl der Mitglieder oder außerhalb derselben auf drei Jahre gewählt, dürfen als solche aber nicht mehr Mitglieder der Kammer sein und haben nur berathende Stimme. In Oesterreich-Ungarn (Cisleith.) und Bayern muß er fachwissenschaftlich vorgebildet sein. In Italien bedarf die Ernennung desselben die Bestätigung des Ministers. In Oesterreich-Ungarn ist er verpflichtet, die Schriftstücke der Kammer mit zu unterzeichnen. Ihm liegen amtsmäßig ob die Koncepts-Kanzlei und Kassengeschäfte. In diesem Staate ist er auch pensionsberechtigt und zwar werden die erforderlichen Kosten in der Weise aufgebracht, daß bis 5 % der Kammerkosten als Pensionsfonds zurückgelegt werden.

XIII. Geschäftsgang.

Der regelmäßige Geschäftsgang der Handelskammern vollzieht sich in der Abhaltung von Sitzungen und in der Erstattung von Berichten. Bezüglich der ersteren ist den Handelskammern freigestellt, nach Bedarf Berathungen abzuhalten, in Oesterreich-Ungarn Cisleith. soll der Regel nach eine Sitzung monatlich stattfinden. Zu diesen Sitzungen können auch Sachverständige mit berathender Stimme hinzugezogen werden. In Sachsen kann der Minister des Innern oder die Regierungs-Behörde die Anberaumung einer Sitzung verlangen. Die Sitzungen werden von dem Präsidenten nach freiem Ermessen oder auf Antrag einer bestimmten Zahl von Mitgliedern anberaumt. Ueber die Verhandlungen wird ein Protokoll aufgenommen, dessen Veröffentlichung nur in Rumänien der Genehmigung der Regierung bedarf, in den anderen Ländern ist die Oeffentlichkeit der Verhandlung nur durch das Recht der Regierung beschränkt, gewisse Punkte der Tagesordnung nur als vertraulich zur Verhandlung zu stellen.

In Oesterreich-Ungarn Cisleith. hat jeder Abstimmende das Recht, seine Meinung besonders zu Protokoll zu geben. Neben den Berathungen des Collegiums sieht das badische Gesetz bei wichtigen Angelegenheiten auch eine Berathung sämmtlicher Wahlberechtigten selbst vor. Eine derartige allgemeine Versammlung muß von der Kammer anberaumt werden, wenn es von dem Ministerium des Innern gewünscht wird, oder wenn der fünfte Theil der Wahlberechtigten einen bezüglichen Antrag unter Bezeichnung des von ihm bestimmten Verhandlungsgegenstandes einreicht.

Jährliche Berichte sind fast von allen Staaten vorgeschrieben. In Oesterreich-Ungarn Cisleith. ist neben dem jährlichen summarischen Bericht an den Handelsminister alle fünf Jahre ein statistischer Bericht über den volkswirthschaftlichen Zustand des Bezirkes zu veröffentlichen. Eine Beantwortung des Jahresberichts und der in demselben geäußerten Wünsche und Anträge ist in Bayern und Württemberg üblich.

VIV. Der Haushalt der Handelskammern.

Die Mitglieder versehen ihr Amt als Ehrenamt und tragen sogar ihre Reisekosten selbst; in Sachsen und Württemberg wird den auswärtigen Mitgliedern, in Baden und anderen Ländern den Mitgliedern überhaupt bei Dienstreisen eine angemessene Entschädigung gewährt. Die den Handelskammern sonst entstehenden Kosten, also namentlich die Verwaltungskosten, werden in den meisten Staaten durch Umlage auf die wahlberechtigten Gewerbetreibenden aufgebracht, soweit die Handelskammern nicht über eigene Einkünfte verfügen. In den Niederlanden trägt, abweichend hiervon, die Gemeindekasse die Kosten, in Oesterreich-Ungarn Cisleith. sind die Räumlichkeiten und Einrichtungsstücke von der Gemeinde zu decken. In Italien ist der Kammer in erster Linie verstattet, eine Taxe für Certifikate, sowie eine Abgabe auf alle Seeversicherungen, Ladepolicen, Schiffsmiethen und ähnliche kommissarische Verträge zu erheben und nur den dadurch nicht gedeckten Theil ihrer Ausgaben auf die Erwerbssteuer umzulegen. Bayern gewährt ebenso wie Sachsen feste Zuschüsse, ersteres aus Kreis- und Centralfonds der Industrie, letzteres aus der Staatskasse. Der Staatsregierung bezw. der zuständigen Behörde ist ein entsprechendes Aufsichtsrecht sowohl bezüglich der Etatveranlagung, wie der Rechnungslegung zugewiesen; in einigen Ländern ist der Centralbehörde in dieser Beziehung eine Einwirkung auch auf die einzelnen Etatspositionen gestattet.

XV. Geschäftsordnung.

Die näheren Bestimmungen für die Ausübung der Geschäftsthätigkeit ist allenthalben einer besonderen, theilweise der Genehmigung der vorgesetzten Behörde unterliegenden Geschäfts-Ordnung vorbehalten. In Baden und Sachsen sind die bezüglichen Bestimmungen noch durch besondere

Verordnungen, welche die Geschäfts-Ordnung theilweise ersetzen, ergänzt und ausgeführt worden.

Im Gegensatz zu den vorstehend aufgeführten Staaten, von denen nur das Badische Gesetz sich in entfernter Beziehung an das Preußische Gesetz vom 24. Februar 1870 anlehnt, hat sich die Gesetzgebung des Großherzogthums Hessen (Gesetz vom 27. November 1871, die Handelskammer betreffend) des Herzogthums Anhalt (Gesetz, die Errichtung einer Handelskammer für das Herzogthum Anhalt betreffend, vom 15. März 1889), sowie des Herzogthums Braunschweig (Gesetz vom 19. März 1890) das angezogene Preußische Gesetz in Form und Inhalt und selbst in seinen Unklarheiten und Ungenauigkeiten mehr oder weniger ausgiebig zum Muster genommen.

a) Am Meisten schließt sich das Hessische Gesetz dem Preußischen Muster an. Es bietet an selbständigen Bestimmungen so wenig Wesentliches, daß wir füglich hier von einer Gegenüberstellung Abstand nehmen können.

b) In einigen wichtigen Grundsätzen weicht bereits das Gesetz für das Herzogthum Anhalt ab. Wir fassen dieselben im Nachstehenden kurz zusammen:

1) Für das Herzogthum ist nur eine Kammer gebildet worden, welche den ganzen Landesbezirk umfaßt.

2) Diese Handelskammer besitzt die Rechte einer juristischen Person.

3) Die Wahlberechtigung ist abhängig gemacht von der Veranlagung zu einem Einkommen von mindestens 3000 Mk. klassificirter Einkommensteuer.

4) Der Staat und die Kommunalverbände sind als Besitzer gewerblicher Unternehmer wahlberechtigt.
5) Die Mitglieder der Handelskammer werden auf 6 Jahre gewählt; alle 2 Jahre scheidet $^1/_3$ der in jedem der fünf Kreise gewählten Mitglieder aus.
6) Die Staatskasse leistet zu den Kosten der Unterhaltung der Handelskammer einen jährlichen Beitrag, welcher der Hälfte des etatsmäßigen Kostenaufwandes der Handelskammer gleichkommt, aber die Summe von 6000 Mk. nicht überschreiten darf.
7) Die beiden Vorsitzenden werden jedesmal auf 2 Jahre gewählt.
8) Der Handelskammer ist das Vorschlagsrecht auch bezüglich der öffentlichen technischen oder kaufmännischen Sachverständigen, z. B. als Handelschemiker, Probenehmer, Bücherrevisoren und dergl. eingeräumt.
9) Die Handelskammer hat über die an die Regierung gerichteten Anträge auf Bestellung als öffentliche technische Sachverständige ein Gutachten sowohl betreffs der Bedürfnißfrage, wie betreffs der Befähigung der Bewerber abzugeben.

c) In weiteren Beziehungen abweichend, wenn auch immer noch auf dem Boden des Preußischen Gesetzes stehend, bestimmt das Braunschweigische Gesetz was folgt:
1) Die Handelskammer bildet eine öffentliche rechtliche Korporation mit Rechtspersönlichkeit.
2) Die Handelskammer vertritt neben den Interessen des Handels nur diejenigen der Großgewerbetreibenden des Landes.

3) Für die Wahlberechtigung iſt Veranlagung zu einer Gewerbeſteuer von mindeſtens 36 Mk. vorgeſchrieben.

4) Staat und Kommunalverbände ſind von der Theilnahme an der Wahl grundſätzlich ausgeſchloſſen.

5) Die Staatsbehörden ſind verpflichtet, der Handelskammer auf deren Erſuchen die zur Aufſtellung der Liſte der Wahlberechtigten erforderlichen Nachweiſungen zu geben.

6) Die Mitglieder der Handelskammer werden auf 6 Jahre gewählt.

7) Den Mitgliedern werden die durch Reiſen zu den Sitzungen entſtehenden Fahrkoſten erſtattet.

8) Zur Erhebung von Beiträgen über 12 ½ % der Gewerbeſteuer bedarf es der Genehmigung des Staatsminiſteriums.

9) Die beiden Vorſitzenden werden auf 3 Jahre gewählt und müſſen am Sitze der Kammer ihren Wohnſitz haben.

10) Die Oeffentlichkeit der Sitzungen iſt auf die Wahlberechtigten beſchränkt.

11) Die Ausfertigungen werden ausſchließlich von dem Vorſitzenden oder deſſen Stellvertreter vollzogen.

12) Der Jahresbericht iſt allen Wahlberechtigten zugängig zu machen.

XVI. Auflöſung der Handelskammern.

Die Auflöſung einer Handelskammer ſieht Oeſterreich-Ungarn (Cisleith.) durch die Beſtimmung vor, daß eine ſolche Auflöſung eintreten muß, wenn ⅔ der Mitglieder ſterben, daß eine ſolche eintreten kann, wenn es der Handelsminiſter für nothwendig erachtet; in beiden Fällen sind jedoch spätestens innerhalb drei Monaten Neuwahlen auszuschreiben.

In Bayern ist gleichfalls dem Staatsministerium des Innern die Befugniß ertheilt, mit Königlicher Genehmigung die Handels- und Gewerbekammer aufzulösen und deren neue Bildung anzuordnen.

Das Badische Gesetz überläßt es der Handelskammer im Falle einer Auflösung über ein etwa vorhandenes Vermögen zu beschließen und setzt nur für den Fall, daß ein giltiger Beschluß nicht zu Stande kommt, subsidiär das Verfügungsrecht des Ministeriums des Innern.

B. Die Handelskammern der 3 freien Hansastädte Hamburg, Lübeck und Bremen.

I. Hamburg. Die Handelskammer besteht aus 24 Mitgliedern, welche von der „Versammlung Eines Ehrbaren Kaufmanns" gewählt wird. Diese Letztere setzt sich aus solchen staatsangehörigen Geschäftsinhabern und Vertretern von Aktiengesellschaften zusammen, deren Firma in das Hamburger Handelsregister eingetragen ist, und die vorzugsweise Geschäfte im Großen betreiben und betrieben haben. Die Entscheidung über die Aufnahme liegt bei der Handelskammer.

Die Mitglieder der Handelskammer werden von der Versammlung „Eines Ehrbaren Kaufmanns" in geheimer Sitzung gewählt. Alle Jahre scheiden vier Mitglieder aus. Für jede Vakanz schlägt die Handelskammer den Wählern drei Personen vor. Alle Jahre werden Vorsitzende gewählt. Hat ein Vorsitzender vier Jahre hintereinander die Stelle innegehabt, so ist er für das darauf folgende Jahr nicht wählbar. Die Ablehnung einer Wahl ist gesetzlich erschwert.

Die Handelskammer hat die gemeinsamen Interessen der Kaufmannschaft Dritten gegenüber zu vertreten und die Hamburgischen Behörden durch Anträge und Gutachten zu unterstützen. Der Senat ist, soweit thunlich, gehalten, bei der Vorbereitung von Gesetzentwürfen und Verordnungen die Handelskammer zu hören, welche letztere im Allgemeinen mit der Deputation für Handel und Schifffahrt verkehrt. Sie bildet ferner für ihre Geschäfte besondere Sektionen, deren Vorsitzende dem Senat mitzutheilen sind. Außerdem entsendet sie aus ihrer Mitte:

2 Mitglieder in die Deputation für Handel und Schifffahrt,
2 " " " " für indirekte Steuern,
3 " " " Auswanderer-Deputation.

Sie schlägt die Handelsrichter vor, wählt die gesetzlich vorgeschriebenen Handelsrichter, veranlaßt die offiziellen Notirungen der Geld- und Wechselkurse, sowie die Herausgabe des Allgemeinen Waaren-Preiskourants. Sie delegirt eines ihrer Mitglieder in die Kommission zur Liquidation und Verwaltung der Seemannskasse, wählt die Verwalter und Deputirten für die Handlungsdiener- und Mäkler-Wittwen-Kasse und übt die ihr in den Statuten dieser Kassen übertragenen Aufsichtsrechte aus; auch wählt sie die Mitglieder der Sachverständigen-Kommission für den Effektenhandel.

Der Handelskammer steht es schließlich frei, nach Ermessen in streitigen Handelsfällen Schiedsgerichte zu ernennen, wenn sie von den Parteien angegangen wird, auch hat sie die Aufsicht über die Börse.

In jedem Monat finden gewöhnlich zwei Plenarsitzungen

statt. Ihre Beamten wählt die Handelskammer selbst, für die Deckung ihrer Kosten erhält sie einen jährlichen Staatszuschuß von 50 000 Mk. Ueber die Verwendung ihrer Einnahmen hat sie dem Senate Rechnung zu legen.

Alljährlich einmal am Schluß des Jahres hat die Handelskammer die „Versammlung Eines Ehrbaren Kaufmanns“ einzuberufen und vor demselben Bericht zu erstatten. Bei dieser Gelegenheit finden zugleich die Ersatzwahlen statt. Daneben kann die Handelskammer die Versammlung berufen, so oft sie es für erforderlich hält. Sie ist dazu verpflichtet, wenn mindestens 50 Mitglieder der Versammlung einen bez. Antrag stellen.

Durch Gesetz vom 18. Dezember 1872 ist neben der altehrwürdigen Institution der Handelskammer eine Gewerbekammer für Hamburg errichtet, welche zu der Verwaltungsabtheilung für Handel und Gewerbe ressortirt und ihre besondere Einrichtung hat. Die 15 Mitglieder der Gewerbekammer werden nach den einzelnen Gewerben gewählt, so daß jede Gruppe einen Vertreter in der Kammer hat. Wahlberechtigt ist jeder hamburgische Gewerbetreibende, wählbar jeder hamburgische selbständige Betriebsinhaber oder technische Geschäftsführer und diejenigen, die es früher gewesen sind.

Die Amtsdauer währt 5 Jahre. Die Vorsitzenden werden jährlich gewählt. Die Wahl des Sekretärs, sowie die ihm zu ertheilende Instruktion bedarf der Bestätigung des Senats. Die Funktionen der Gewerbekammer beschränken sich im Wesentlichen auf die gutachtliche Wirksamkeit, die

Ernennung von Sachverständigen und die Mitwirkung im gewerblichen Schulwesen.

II. Bremen. Die Handelskammer ist ähnlich wie die Hamburger organisirt. Kaufmannskonvent und Handelskammer stehen sich hier ebenfalls wie Verband und Ausschuß gegenüber. Dagegen bildet sie abweichend von der Hamburger Handelskammer eine ganz selbständige Behörde. Eigenartig ist ferner besonders die Einrichtung einer zwischen Senat und Handelskammer stehenden Zwischeninstanz, die aus einigen Mitgliedern des Senats und einigen Mitgliedern der Handelskammern zusammengesetzt ist und sich monatlich wenigstens einmal versammelt. Zur Bestreitung der Kosten erhält die Handelskammer jährlich 3500 Mark Zuschuß. Für die Handelshülfsgeschäfte, den Wasserschout, die Navigationsschule, das Lootsenwesen und das Auswandererwesen sind Behörden gebildet, welche aus Mitgliedern der Handelskammer und des Senats zusammengesetzt sind, die Verwaltung des Tonnen- und Bakenwesens führt die Handelskammer selbständig. Aufsichts-Vorschlags-Ernennungsrechte übt die Handelskammer auf den verschiedensten Gebieten aus. Die Börse ist ihr wie in Hamburg unterstellt. Mit ihren Wählern und dem Kaufmännischen Konvent unterhält sie beständige Beziehungen. In Einzelheiten weicht die Bremer Handelskammer allerdings vielfach von dem Hamburger Muster ab. Ueber die Berechtigung zur Theilnahme an dem Kaufmännischen Convent entscheidet die Handelskammer vorbehaltlich der Berufung an diesen selbst. Ueber alle in Handels- oder Schifffahrtsangelegenheiten zu erlassenden Gesetze wird vorher die Handelskammer gehört, der es überlassen bleibt, bei wichtigen

Anlässen den Convent zusammenzuberufen. Die Handelskammer berichtet direct an den Senat. Sie ist berechtigt, für ihre amtlichen Arbeiten die Mitwirkung der Bureaux für Bremische Statistik in Anspruch zu nehmen u. A. m. Bemerkenswerth hier wie in Hamburg ist das eigenthümliche Wahlverfahren. Neben der Bremer Handelskammer besteht auch eine Gewerbekammer ebendaselbst.

III. Lübeck. Die Lübecker Handelskammer geht aus der kaufmännischen Korporation hervor, ist aber freier gestaltet, als die beiden vorgenannten. Die Lübecker Handelskammer ist einerseits Vorstand der Corporation der Kaufmannschaft und andererseits in Bezug auf die ihr vom Staate übertragenen Befugnisse, Behörde. Sie muß über alle den Handel und die Schifffahrt betreffenden Staatsverträge, Einrichtungen und Reglements befragt werden. Sie entsendet aber keine Mitglieder in die verschiedenen Abtheilungen der Staatsverwaltung oder in die Bürgerschaft, weil thatsächlich immer einige ihrer Mitglieder zugleich Mitglieder der einzelnen Staatsverwaltungszweige und der Bürgerschaft oder des Bürger-Ausschusses sind, und so die Verbindung zwischen der Handelskammer und den einzelnen Verwaltungen und der Bürgerschaftsvertretung unterhalten wird. Es ist ihr ferner nicht, wie in Hamburg, eine Staatsbehörde vorgesetzt, sondern sie verkehrt unmittelbar mit dem Senat, ist aber auch befugt sich an irgend welche andere Stellen innerhalb Lübecks, des Reichs oder auswärts zu wenden. Dazu kommt, daß das ansehnliche Vermögen der Kaufmannschaft sie vom Staate unabhängig macht, und daß sie eine Reihe von Angelegenheiten selbst verwaltet, die zum Beispiel in Bremen und

Hamburg Sache des Staates sind. So ruht die ganze Hafengüterverwaltung in ihren Händen. Die dazu gehörenden Waarenräume, die Krähne, die Bugsirdampfschiffe, die Holzwrake gehören der Kaufmannschaft eigenthümlich und werden von der Handelskammer ohne Mitwirkung des Staates verwaltet. Entsprechend der größeren Bedeutung der Stellung der Kaufmannschaft wird der Präses und der Sekretär der Handelskammer nicht von dieser, sondern von der Kaufmannschaft gewählt, während die sonstigen zahlreichen Angestellten der Kaufmannschaft wieder von der Handelskammer erwählt werden. Der Präses bezieht überdies ein Ehrengehalt. Für die Wahl des Präses, der Mitglieder und des Sekretärs bringt die Handelskammer der Kaufmannschaft je drei Personen in Vorschlag, und die Kaufmannschaft ist insofern an diesen Wahlvorschlag gebunden, als sie nur einen der drei Vorgeschlagenen wählen darf.

Die Mitgliedschaft währt 6, der Präsident fungirt 3 Jahre. Derselbe muß durch den Senat, vor welchem er den Amtseid ablegt, bestätigt werden. Die Kosten deckt die Korporation selbst.

Neben der Handelskammer besteht seit 1877 in Lübeck eine Gewerbekammer.

C. Großbritannien.

Die Handelskammern in Großbritannien sind freie Associationen, deren Errichtung nur insoweit der Genehmigung des Handelsamtes unterliegt, als das Letztere ihnen die Rechte einer privilegirten Genossenschaft mit beschränkter Haftbarkeit der Mitglieder, ohne die Hinzusetzung des Wortes „limited“ bei der Eintragung ihrer Firma zu gewähren hat.

Die Aufgaben der englischen Handelskammern sind ausnahmslos allgemeiner Natur (Förderung von Verkehr, Handel, Schifffahrt, Fabrikation, Sammeln und Verbreiten statistischer und anderer Berichte u. ähnl.). Als bestimmte Funktion haben sie nur die schiedsrichterliche Schlichtung von Streitigkeiten, welche aus dem Handel entstehen, übernommen.

Die Mitgliedschaft zur Corporation wird durch einen jährlichen hohen Beitrag erworben. Die Kammer hat die Rechte der juristischen Person. Alljährlich hält sie eine Generalversammlung, daneben Spezialversammlungen ab. Die Geschäfte der Kammer werden von einem Vorstande geführt, welcher aus der gesammten Mitgliederzahl gewählt und durch Ehrenmitglieder ergänzt wird. Derselbe hat monatlich wenigstens einmal zusammenzutreten und kann Kommissionen bilden, zu denen event. auch noch andere Mitglieder der Kammer hinzuzuziehen sind. Er unterhält ein Bureau, stellt die erforderlichen Beamten für dasselbe an und handelt im Namen der Kammer.

Sachregister.

Erklärung der Abkürzungen: A. = Auszüge aus den Kommissionsberichten 2c.
Einl. = Einleitung.
Hkn. = Handelskammer.

A.

B.

C.

D.

E.

J.

K.

L.

M.

N.

O.

P.

Q.

R.

S.

T.

U.

V.

W.

Z.

Druck von Erdmann Raabe in Oppeln.

FSC
www.fsc.org
MIX
Papier | Fördert
gute Waldnutzung
FSC® C083411

Kolibri 360 GmbH
Ferdinand-Jühlke-Straße 7
99095 Erfurt, Deutschland
produktsicherheit@kolibri360.de